三修社

CD付

バッチリ 話せる 台湾華語

すぐに使えるシーン別会話基本表現

渡邉豊沢 監修

「覚えたい！」「使ってみたい！」
台湾華語の表現が
バッチリ話せる！使いこなせる！

　台湾華語の「覚えたい表現」と「使ってみたい表現」を効率的でムダなくマスターできるように，次のような《5つのバッチリ》で構成しました。

❶ バッチリ！自然な台湾華語の発音とリズムを身につける！
　PART1で発音についての基本を解説。本書付属のCDを繰り返し聞き，声を出して発音練習し，自然な台湾華語の発音とリズムを身につけましょう。

❷ バッチリ！リスニング力をつける！
　付属のCDを繰り返し聞いてください。とにかく聞きまくることでリスニング力が自然と身につきます。

❸ バッチリ！台湾華語ってどんな言葉かがスッキリわかる！
　PART1で台湾華語の基本の文法を解説。最初は基本の基本だけを頭に入れるだけにし，話すレッスンの中で文法事項は再チェックするのが効率的です。

❹ バッチリ！日常コミュニケーションが集中マスターできる！
　日常生活で使われる頻度の高い表現を中心に構成。表現はできるだけ簡単で，応用の利くものが中心です。

❺ バッチリ！台湾旅行の必須表現を頭出しパターンでマスター！
　場面別台湾旅行会話では，頭出しパターンに色をつけて覚えやすくしていますから，効率的に話す力がつきます。また，会話の状況が目に浮かぶように，対話形式の構成にも重点をおいています
　本書で「これで台湾華語はバッチリ決まった！」と実感してください。

·········· C O N T E N T S ··········

PART 1 ● すぐに使える！
台湾華語の基本《発音・文法・基本単語》

- これだけは知っておきたい！台湾華語の基礎知識 ············ 10
- これだけは知っておきたい！台湾華語の文型 ················ 12
- 【日常生活の基本単語】 ···································· 20
- ■ 数を数える単位〈量詞〉 ································· 34

PART 2 ● すぐに話せる！
台湾華語の頭出しパターン 15

1. 「AはBです」A＋是＋B。 ································ 36
2. 「〜がほしい」「〜をください」我 想 要 〜。 ············· 37
3. 「…したい」我 想 〜。 ································· 38
4. 「…はありますか？」有 〜 嗎？ ························· 39
5. 「〜してもいいですか？」可以 〜 嗎？ ··················· 40
6. 「〜することができますか？」能 〜 嗎？ ················· 41
7. 「〜してもらえますか？」你 能 〜 嗎？ ·················· 42
8. 「どうぞ〜（してください）」請 〜。 ···················· 43
9. 「私に〜（して）ください」請 給 我 〜。 ················ 44
10. 「〜したことがありますか？」你＋[動詞]＋過 〜 嗎？ ····· 45
11. 「あなたは〜できますか？」你 會 〜 嗎？ ················ 46
12. 疑問詞①「何」「どこで」什麼，哪裡 ····················· 47
13. 疑問詞②「いつ」「だれ」什麼時候，誰 ··················· 48
14. 疑問詞③「どれ／どの」「どう／どのように」「どう／いかが」哪，怎麼，怎麼樣 ···· 49
15. 疑問詞④ 数字についてたずねてみる 多少，幾 ············ 50

CONTENTS

PART 3 ●すぐに話せる！
よく使う台湾華語の基本・日常表現

1. 日常のあいさつ① ………………………………………… 52
2. 日常のあいさつ② ………………………………………… 54
3. 「お礼」「祝い」のことば ………………………………… 56
4. おわびのことば …………………………………………… 58
5. はい，いいえ ……………………………………………… 60
6. 感情を伝える ……………………………………………… 62
7. 自宅に招待する［される］ ………………………………… 64
8. 天気 ………………………………………………………… 68
9. 自己紹介する／挨拶をする ……………………………… 70
10. 友だちづくり ……………………………………………… 74
11. 台湾華語 …………………………………………………… 82
12. 趣味 ………………………………………………………… 86

PART 4 ●すぐに話せる！
台湾旅行重要フレーズ

13. 交通機関〈タクシー〉 …………………………………… 90
14. 交通機関〈バス，列車〉 ………………………………… 92
15. ホテル〈チェックイン〉 ………………………………… 98
16. ホテル〈ルームサービス〉 ……………………………… 102
17. ホテル〈苦情〉 …………………………………………… 104
18. ホテル〈チェックアウト〉 ……………………………… 106

CONTENTS

- 19. 食事する 108
- 20. 屋台 118
- 21. ファストフード店・喫茶店 120
- 22. ショッピング〈品物を探す〉 122
- 23. ショッピング〈試してみる〉 126
- 24. ショッピング〈値段交渉と支払い〉 130
- 25. 道をたずねる 136
- 26. 観光する 140
- 27. 写真を撮る 144
- 28. 観劇・観戦 146
- 29. 両替する 150
- 30. 郵便局で 152
- 31. 電話で 154
- 32. 盗難・紛失 158
- 33. 病気・診察・薬局 162

PART **5** ●入れ替えて使える！
台湾華語の基本単語集

本書の活用法

《5つのバッチリ》で
台湾華語の「話す・聞く」を集中マスター

❶ バッチリ！発音と文法の基本がスッキリとマスター！
❷ バッチリ！聞き取りに慣れる！
❸ バッチリ！頭出しパターンを使って効率マスター！
❹ バッチリ！日常＆旅行の必須表現を速攻マスター！
❺ バッチリ！基本単語が覚えられる！

　本書では，台湾華語の入門者の方のために読み方の補助としてカタカナルビをつけました。このルビはあくまでも発音のヒントですから，付属のCDを繰り返し聴いてマスターしましょう。

□ PART **1**
すぐに使える！
台湾華語の基本
《発音・文法・基本単語》

PART1では，最初に知っておきたい台湾華語の基本知識（発音・文法）についてわかりやすく説明しています。最初は，概要を知るだけで大丈夫です。いろいろなフレーズをマスターする中で再チェックする学習が効果的です。また，日常よく使う数字，時刻，曜日，月などの基本単語を紹介しています。

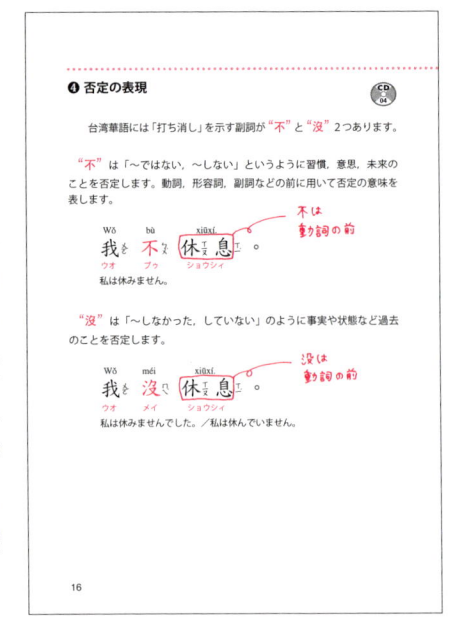

☐ PART 2
すぐに話せる！台湾華語の頭出し基本パターン 15

PART2 では，「～がほしい」とか「～したい」といった相手に伝えたい気持ちの頭出しパターンの一つひとつについて，その使い方を解説するとともに，差し替え例文（台湾旅行や日常会話場面でのフレーズ）でそのパターンの使い方になれることができるように工夫しています。この 15 の頭出しパターンを覚えるだけで，話す力が飛躍的に伸びます。

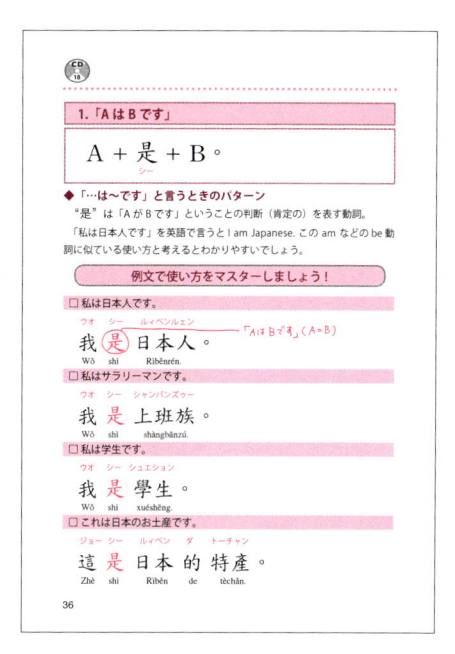

☐ PART 3
すぐに話せる！よく使う台湾華語の基本・日常表現

PART3 では，あいさつや日常表現などをテーマ別に紹介しています。

基本表現と日常生活で使われる頻度の高いフレーズを中心に構成。

表現はできるだけシンプルで，応用の効くものが中心です。

表現に関するポイントをメモ式または注としてアドバイスしています。

また，基本パターンのフレーズには，色をつけて覚えやすくしています。

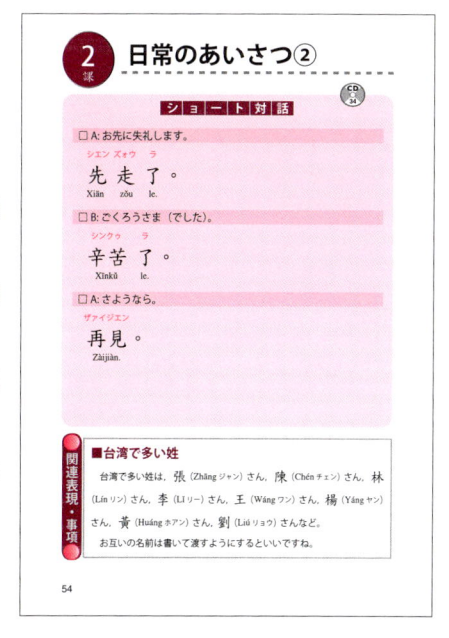

PART 4
すぐに話せる！
台湾旅行重要フレーズ

　PART4では，台湾旅行で役立つフレーズを場面別に豊富に紹介しています。

　さらに，必要に応じて表現に関するポイントをメモ式または注としてアドバイスし，ムダのない学習ができるように工夫しています。

　最初は使ってみたいフレーズを優先的に覚えましょう。それが台湾華語会話学習が長続きするコツです。

PART 5
入れ替えて使える！
台湾華語の基本単語集

　PART5では，日常会話や旅行会話でよく使われる単語を紹介しています。PART1で紹介した数や曜日などの基本単語は原則として除いてあります。

　まず最初に，PART2の『台湾華語の頭出し基本パターン15』の入れ替え単語として活用してください。また1日に数個ずつ音読して覚えるなどの方法も効果的です。

PART 1
すぐに使える！
台湾華語の基本
〈発音・文法・基本単語〉

これだけは知っておきたい！
台湾華語の基礎知識

◆ 台湾での公用語 ―『國語』

　台湾の公用語は國語（グオーユィー）と呼ばれている台湾華語。

　國語は中国大陸で使われている中国語『普通話』（プゥトォンホア）と文法や発音がだいたい同じです。一部の単語の違いや言い回しが微妙に違うことがあります。例えば,「自転車」…台湾では「腳踏車」（ジアオタチョー）,大陸では「自行车」（ズシンチョー）といいます。

　また,台湾ではそれとは別に『台語』（タイユィ）も使われています。

◆ 台湾の漢字――『正體字（繁体字）』

表記に正體字（繁体字）を用いること

　台湾の台湾華語と大陸の中国語との違いは,日常的に正體字（繁体字）が使われることです。

　正體字（繁体字）は日本で使われる「旧字体」と同じ正字です。簡体字に較べると形は当用漢字に近いので学習しやすいでしょう。

◎ 正體字（繁体字）/ 当用漢字 / 簡体字の比較

正體字 （繁体字）	發	飛	園	價	機
当用漢字	発	飛	園	価	機
簡体字	发	飞	园	价	机

◆ 台湾華語の発音のポイント

　台湾と中国大陸では発音記号も違います。
　台湾では発音を表記するのに注音（ㄅㄆㄇㄈ〈ボポモフォ〉）という符号を使っています。中国大陸ではピンイン（bo po mo fo〈ボポモフォ〉）と呼ばれる発音記号を使います（発音は大陸とあまり変わりません）。

　声調と呼ばれる高低アクセントは，全部で４つのパターンがありますから「四声」とも言います。
　これに「軽く短く発音」する「軽声」を加えて，全部で５つの音があります。

CD 01

■ 四声の発音ポイント

	意味	漢字	注音符号	ピンイン
第１声 音を高く平らに伸ばす調子	「母」	媽	ㄇㄚ	mā
第２声 音を尻上がりに一気に引き上げる調子	「麻」	麻	ㄇㄚˊ	má
第３声 音を低く抑えた調子で普通の高さに戻す調子	「馬」	馬	ㄇㄚˇ	mǎ
第４声 音を高いところから一気に下げた調子	「ののしる」	罵	ㄇㄚˋ	mà
軽音 軽く短く発音する	「…ですか」	嗎	˙ㄇㄚ	ma

これだけは知っておきたい！
台湾華語の文型

■ 台湾華語は語順がポイント

　台湾華語の文法は人称，格，時間や状態などによって語形が変わることがありません。単語と単語が一定の文法関係で組み合わされて文を作りますから，語順がポイントです。
　台湾華語の語順を説明するために，最初に台湾華語の述語の種類を紹介します。

❶ 動詞が述語となる文（動詞述語文）

　基本的には英語と同じ「主語＋動詞＋目的語」（S＋V＋O）です。もちろん主語や目的語がなくても成立する文もあります。

　　Tā　　ài　　tā.
　　他　　愛　　她　。
　　ター　アイ　ター
　　主語　動詞　目的語
　彼は彼女を愛しています。

　　Wǒ　qù　xuéxiào.
　　我　去　學校　。
　　ウオ　チュイ　シュエシアオ
　私は学校へ行きます。

12

Wǒ qù.
我 去。
ウオ チュイ
私は行きます。

(1) 動詞の前に，副詞や副詞的な表現で動詞を修飾する。

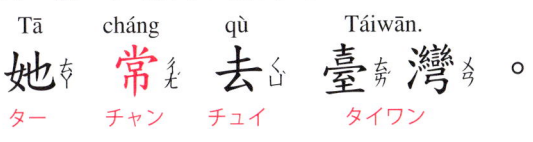

Tā cháng qù Táiwān.
她 常 去 臺灣。
ター チャン チュイ タイワン
彼はよく台湾に行きます。

Tā dà shēng di xiào.
她 大 聲 地 笑。
ター ダー ション ディ シアオ
彼女は大きな声で笑います。

(2) 動詞の後に補語がくる。

補助的に動作の結果，程度，可能，頻度，方向，様態などを説明する。

Wǒ xiàolèi le.
我 笑累 了。
ウオ シアオレイ ラ
私は笑って疲れました。

(3) 目的語の前に数量詞や指示代名詞などで目的語を修飾する。

（量詞とは冊，本，枚など，ものを数える単位）

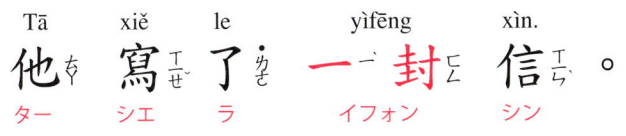

Tā xiě le yìfēng xìn.
他 寫 了 一封 信。
ター シエ ラ イフォン シン
彼は1通の手紙を書きました。

❷ 形容詞が述語となる文（形容詞述語文）

　形容詞述語文は英語と違って，be動詞（台湾華語の「是」）は不要となります。つまり台湾華語の形容詞は動詞と同じような機能を持っていると考えるとわかりやすいですね。
　しかし，肯定文の平叙文の場合は常に副詞の"很"（とても）をつけます。このときの"很"は「とても」の意味になることはほとんどありません。

Wǒ　　hěn　　yúkuài.
我　　很　　愉快。
ウオ　ヘン　ユィークアイ
私は楽しい。

Tā　　hěn　　máng.
他　　很　　忙。
ター　ヘン　マン
彼は忙しい。

Tiānqì　　hěn　　hǎo.
天氣　　很　　好。
ティエンチィ　ヘン　ハオ
天気がよい。

❸ 名詞が述語となる文（名詞述語文）

　これも形容詞述語文と同じく，be 動詞（台湾華語の「是」）は不要となります。時間を示す名詞，数字を示す名詞などが単独で文章を構成することができます。名詞述語文の否定形は "不是" を用います。

Xiànzài　　　sāndiǎn.
現在　三點。
シエンザァイ　　サンディエン
今3時です。

Jīntiān　　　xīngqítiān.
今天　星期天。
ジンティエン　　シンチィティエン
今日は日曜日です。

Jīntiān　　　búshì　　　xīngqítiān.
今天　不是　星期天。
ジンティエン　　ブゥシー　　　シンチィティエン
今日は日曜日ではありません。

❹ 否定の表現

台湾華語には「打ち消し」を示す副詞が"不"と"沒"2つあります。

"不"は「～ではない，～しない」というように習慣，意思，未来のことを否定します。動詞，形容詞，副詞などの前に用いて否定の意味を表します。

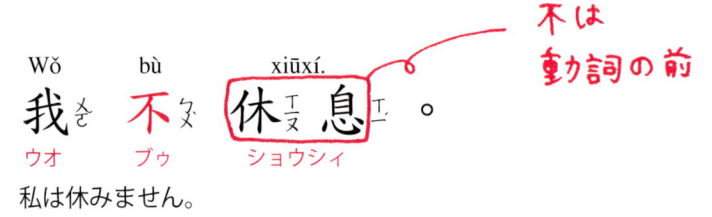

Wǒ　　bù　　xiūxí.
我　　不　　休 息 。
ウオ　ブゥ　ショウシィ

不は動詞の前

私は休みません。

"沒"は「～しなかった，していない」のように事実や状態など過去のことを否定します。

Wǒ　　méi　　xiūxí.
我　　沒　　休 息 。
ウオ　メイ　ショウシィ

沒は動詞の前

私は休みませんでした。／私は休んでいません。

❺ 疑問の表現

●一般疑問文

日本語の「～ですか？」と似ている表現です。文末に"嗎"という疑問を示す語気助詞をつけて疑問文にします。

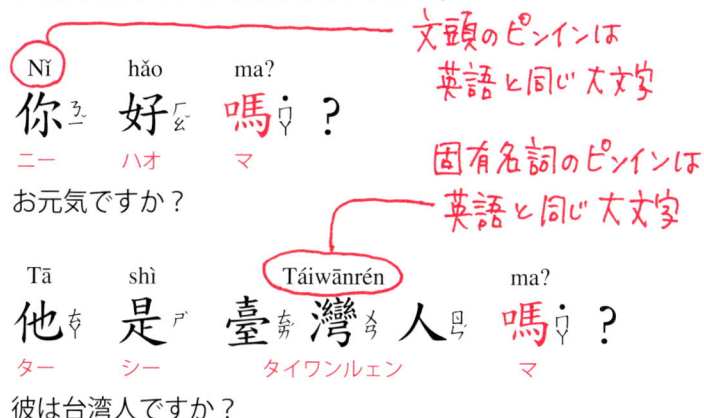

Nǐ hǎo ma?
你 好 嗎？
ニー ハオ マ

お元気ですか？

文頭のピンインは英語と同じ大文字

Tā shì Táiwānrén ma?
他 是 臺灣人 嗎？
ター シー タイワンレン マ

彼は台湾人ですか？

固有名詞のピンインは英語と同じ大文字

● **疑問詞疑問文**

　尋ねたいところに疑問詞を入れ替えて，疑問詞の疑問文になります。返答するには，疑問詞のところに答えを入れ替えればいいわけです。

　文末の"嗎"も要りません。英語のように語順を変えることがありません。

Ménpiào　　　duōshǎo　　qián?
門票　　多少　錢？
メンピアオ　　ドゥオシァオ　チエン

疑問詞の文末に嗎は不要

入場券はいくらですか？

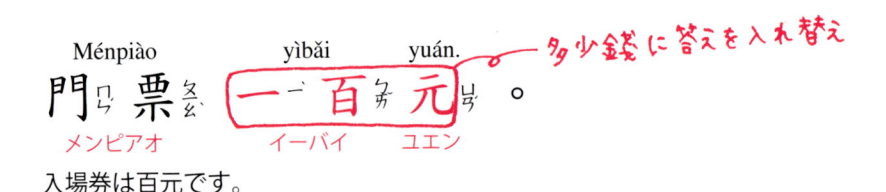

Ménpiào　　　yìbǎi　　yuán.
門票　　一百元。
メンピアオ　　イーバイ　ユエン

多少錢に答えを入れ替え

入場券は百元です。

Zhè　shì　shénme?
這　是　什麼？
ジョー　シー　シェンモ

これは何ですか？

Zhè　shì　chá.
這　是　茶。
ジョー　シー　チャー

お茶です。

18

このほか,選択疑問文（A＋還是＋B？）や反復疑問文（「肯定＋否定」の形で構成）などがあります。

Shì yòubiān háishì zuǒbiān?
是 右 邊 還是 左 邊 ？
シー イオウビェン ハイシー ズオビェン

右の方ですか，左の方ですか？

選択疑問文は嗎は不要！

Nǐ qù búqù?
你 去 不 去 ？
ニー チュイ ブゥチュイ

行きますか，行きませんか？

肯定＋否定は一つの疑問詞
嗎は不要！

【日常生活の基本単語】

❖ 数字

数	漢字	ピンイン／カナ
0	líng 零 リン	
1	yī 一 イー / yī 壹 イー	
2	èr 二 アル / èr 貳 アル	
3	sān 三 サン / sān 參 サン	
4	sì 四 スー / sì 肆 スー	
5	wǔ 五 ウー / wǔ 伍 ウー	
6	liù 六 リョウ / liù 陸 リョウ	
7	qī 七 チィー / qī 柒 チィー	
8	bā 八 バー / bā 捌 バー	
9	jiǔ 九 ジョウ / jiǔ 玖 ジョウ	
10	shí 十 シー / shí 拾 シー	
11	shí yī 十一 シーイー	
12	shí èr 十二 シーアル	
20	èr shí 二十 アルシー	
21	èr shí yī 二十一 アルシーイー	
30	sān shí 三十 サンシー	

33	sān shí sān 三十三 サンシーサン		101	yì bǎi líng yī 一百零一 イーバイリンイー
40	sì shí 四十 スーシー		110	yì bǎi yī shí 一百一十 イーバイイーシー
50	wǔ shí 五十 ウーシー		200	liǎng bǎi / èr bǎi 兩百 / 二百 リアンバイ　アルバイ
60	liù shí 六十 リョウシー		203	liǎng bǎi líng sān 兩百零三 リアンバイリンサン
70	qī shí 七十 チィーシー		203	èr bǎi líng sān 二百零三 アルバイリンサン
80	bā shí 八十 バーシー		1000	yì qiān 一千 イーチエン
99	jiǔ shí jiǔ 九十九 ジョウシージョウ		1070	yì qiān líng qī shí 一千零七十 イーチエンリンチーシー
100	yì bǎi 一百 イーバイ		10000	yí wàn 一萬 イーワン

※ 手書きメモ:
- 日本語は百一というが「101」の「0」が必要
- 日本語は百十というが 百と十の前に「一」が必要

PART 1　すぐに使える！台湾華語の基本《発音・文法・基本単語》

❖ 年, 月

1月	yī yuè 一月 イーユエ		9月	jiǔ yuè 九月 ジョウユエ
2月	èr yuè 二月 アルユエ		10月	shí yuè 十月 シーユエ
3月	sān yuè 三月 サンユエ		11月	shí yī yuè 十一月 シーイーユエ
4月	sì yuè 四月 スーユエ		12月	shí èr yuè 十二月 シーアルユエ
5月	wǔ yuè 五月 ウーユエ			
6月	liù yuè 六月 リョウユエ			
7月	qī yuè 七月 チィーユエ			
8月	bā yuè 八月 バーユエ			

今月	這個月 zhèi ge yuè ジェイゴォユエ		月曜日	星期一 xīng qí yī シンチーイー
来月	下個月 xià ge yuè シアゴォユエ		火曜日	星期二 xīng qí èr シンチーアル
先月	上個月 shàng ge yuè シャンゴォユエ		水曜日	星期三 xīng qí sān シンチーサン
年	年 nián ニエン		木曜日	星期四 xīng qí sì シンチースー
今年	今年 jīn nián ジンニエン		金曜日	星期五 xīng qí wǔ シンチーウー
去年	去年 qù nián チュイニエン		土曜日	星期六 xīng qí liù シンチーリョウ
来年	明年 míng nián ミンニエン		日曜日	星期天 xīng qí tiān シンチーティエン
				星期日 xīng qí rì シンチールィ

❖ 曜日

❖ 日，週，月

《日数》

おととい	qián tiān 前天	チエンティエン
昨日	zuó tiān 昨天	ズオティエン
今日	jīn tiān 今天	ジンティエン
明日	míng tiān 明天	ミンティエン
あさって	hòu tiān 後天	ホウティエン
先週	shàng ge xīng qí 上個星期	シャンゴォシンチィー
今週	zhèi ge xīng qí 這個星期	ジェイゴォシンチィー
来週	xià ge xīng qí 下個星期	シアゴォシンチィー

1日	yì tiān 一天	イーティエン
2日	liǎng tiān 兩天	リアンティエン
3日	sān tiān 三天	サンティエン

《週》

1週間	yí ge xīng qí 一個星期	イーゴォシンチィー
2週間	liǎng ge xīng qí 兩個星期	リアンゴォシンチィー
3週間	sān ge xīng qí 三個星期	サンゴォシンチィー

❖ 時刻

1：00	yì diǎn 一點 イーディエン
2：00	liǎng diǎn 兩點 リアンディエン
3：00	sān diǎn 三點 サンディエン
4：00	sì diǎn 四點 スーディエン
5：00	wǔ diǎn 五點 ウーディエン
10：00	shí diǎn 十點 シーディエン
11：00	shí yī diǎn 十一點 シーイーディエン
12：00	shí èr diǎn 十二點 シーアルディエン

《月》

1か月	yí ge yuè 一個月 イーゴォユエ
2か月	liǎng ge yuè 兩個月 リアンゴォユエ
3か月	sān ge yuè 三個月 サンゴォユエ

《年》

1年	yì nián 一年 イーニエン
2年	liǎng nián 兩年 リアンニエン
3年	sān nián 三年 サンニエン

❖ 家族

6：30	liù diǎn bàn 六點半 リョウディエンバン		父	bà ba 爸爸 バーバ
朝	zǎo shàng 早上 ザァオシャン		母	mā ma 媽媽 マーマ
昼間	bái tiān 白天 バイティテン		兄	gē ge 哥哥 ゴォーゴォ
夕方	bàng wǎn 傍晚 バンワン		弟	dì di 弟弟 ディーディ
夜	wǎn shàng 晚上 ワンシャン		姉	jiě jie 姉姉 ジエージエ
午前	shàng wǔ 上午 シャンウー		妹	mèi mei 妹妹 メイーメイ
正午	zhōng wǔ 中午 ジョォンウー		祖父（父方）	yé ye 爺爺 イエーイエ
午後	xià wǔ 下午 シァウー		祖母（父方）	nǎi nai 奶奶 ナイーナイ

❖ 体の部分

日本語	中国語	ピンイン	カタカナ
祖父（母方）	外公	wài gōng	ワイゴォン
祖母（母方）	外婆	wài pó	ワイポー
夫	先生	xiān shēng	シエンション
妻	太太	tài tai	タイータイ
息子	兒子	ér zi	アルーズ
娘	女兒	nǚ ér	ニューアルー
孫	孫子	sūn zi	スンズ
子ども	小孩	xiǎo hái	シアオハイ
頭	頭	tóu	トウ
髪の毛	頭髮	tóu fǎ	トウファ
眉毛	眉毛	méi máo	メイマオ
目	眼睛	yǎn jīng	イエンジン
鼻	鼻子	bí zi	ビーズ
耳	耳朵	ěr duō	アルドゥオ
口	嘴	zuǐ	ズェイ
唇	嘴唇	zuǐ chún	ズェイチュン

PART 1 すぐに使える！台湾華語の基本《発音・文法・基本単語》

日本語	中国語	ピンイン	カナ
歯	牙齿	yá chǐ	ヤーチー
首	脖子	bó zi	ボーズ
手	手	shǒu	ショウ
指	手指	shǒu zhǐ	ショウジー
腕	手臂	shǒu bì	ショウビ
肩	肩膀	jiān bǎng	ジェンバン
背中	後背	hòu bèi	ホウベイ
胸	胸	xiōng	ション
腰	腰	yāo	ヤオ
腹	肚子	dù zi	ドゥーズ
尻	屁股	pì gǔ	ピーグゥ
	臀部	tún bù	トゥンブゥ
太もも	腿	tuǐ	トェイ
足	脚	jiǎo	ジアオ

❖ 人称代名詞

私	wǒ 我 ウオ		彼ら	tā men 他們 ターメン
私たち	wǒ men 我們 ウオメン		彼女ら	tā men 她們 ターメン
あなた	nǐ 你（男，女） ニー			
あなた	nǐ 妳（女性専用） ニー			
あなた	nín 您（ていねいな言い方） ニン			
あなたがた	nǐ men 你們 ニーメン			
彼	tā 他 ター			
彼女	tā 她 ター			

❖ こ・そ・あ・ど　CD 14

日本語	中文	ピンイン	カナ
これ	這	zhè / zhèi	ジョー／ジェイ
これ	這個	zhè ge / zhèi ge	ジョーゴォ／ジェイゴォ
これら	這些	zhè xiē / zhèi xiē	ジョーシエ／ジェイシエ
ここ	這邊	zhè biān	ジョービエン
	這裡	zhè lǐ	ジョーリー
あれ, それ	那	nà / nèi	ナー／ネイ
あれ, それ	那個	nà ge / nèi ge	ナーゴォ／ネイゴォ
あれら	那些	nà xiē / nèi xiē	ナーシエ／ネイシエ
あそこ	那邊	nà biān	ナービエン
どれ	哪個	nǎ ge / něi ge	ナーゴォ／ネイゴォ
どれら	哪些	nǎ xiē / něi xiē	ナーシエ／ネイシエ
どこ	哪裡	nǎ lǐ	ナーリー

❖色

日本語	ピンイン	中文	カタカナ
水色	dàn lán sè	淡藍色	ダンランソォ
赤	hóng sè	紅色	ホォンソォ
白	bái sè	白色	バイソォ
黒	hēi sè	黑色	ヘイソォ
緑	lǜ sè	綠色	リューソォ
オレンジ	jú sè	橘色	ジューソォ
黄色	huáng sè	黃色	ホアンソォ
青	lán sè	藍色	ランソォ
ピンク	fěnhóng sè	粉紅色	フェンホンソォ
クリーム色	rǔ bái sè	乳白色	ルゥバイソォ
紫	zǐ sè	紫色	ズーソォ
茶色	chá sè	茶色	チャーソォ
グレー	huī sè	灰色	ホェイソォ

❖国名

台湾	Tái wān 臺灣 タイワン		フランス	Fǎ guó 法國 ファーグオ
日本	Rì běn 日本 ルィベン		ホンコン	Xiāng gǎng 香港 シアンガン
アメリカ	Měi guó 美國 メイグオ		タイ	Tài guó 泰國 タイグオ
中国	Zhōng guó dà lù 中國大陸 ジョオングオタールゥ		フィリピン	Fēi lù bīn 菲律賓 フェイリュビン
韓国	Hán guó 韓國 ハングオ		ベトナム	Yuè nán 越南 ユエナン
ドイツ	Dé guó 德國 ダーグオ		シンガポール	Xīn jiā pō 新加坡 シンジィアポー
イギリス	Yīng guó 英國 イングオ		インドネシア	Yìn ní 印尼 インニー
スペイン	Xī bān yá 西班牙 シーバンヤー		マレーシア	Mǎ lái xī yǎ 馬來西亞 マーライシーヤー

| マカオ | Ào mén
澳門
アオメン | ヨーロッパ | Ōu zhōu
歐洲
オウジョウ |

PART 1 すぐに使える！台湾華語の基本 《発音・文法・基本単語》

■ 数を数える単位 〈量詞〉

　台湾華語は数を数える単位がとても多いのも特徴です。
　他の品詞と組み合わせるとき量詞の位置は，**「数詞の後，名詞の前」**と覚えておきましょう。そして名詞の前に量詞があったら，日本語の「の」に相当する「的」は不要です。

◇人 …　～位 wèi ウエイ
（ていねいな言い方）

◇人 …　～個人 ge rén ゴォルェン

◇号 …　～號 hào ハオ

◇回 …　～次 cì ツ

◇日 …　～天 tiān ティエン

◇か月 …　～個月 ge yuè ゴォユエ

◇年 …　～年 nián ニエン

◇時間 …　～個小時 ge xiǎo shí ゴォシアオシー

◇着 …　～件 jiàn ジエン

◇箱 …　～箱 xiāng シアン

◇個 …　～個 ge ゴォ

◇杯 …　～杯 bēi ベイ

◇瓶 …　～瓶 píng ピン

PART 2
すぐに話せる！台湾華語の頭出しパターン15

1.「A は B です」

$$A + 是 + B。$$
シー

◆「…は〜です」と言うときのパターン

"是" は「A が B です」ということの判断（肯定の）を表す動詞。

「私は日本人です」を英語で言うと I am Japanese. この am などの be 動詞に似ている使い方と考えるとわかりやすいでしょう。

例文で使い方をマスターしましょう！

□ 私は日本人です。

ウオ　シー　ルィベンルェン
我 是 日本人。 ←「A は B です」(A = B)
Wǒ shì Rìběnrén.

□ 私はサラリーマンです。

ウオ　シー　シャンバンズゥー
我 是 上班族。
Wǒ shì shàngbānzú.

□ 私は学生です。

ウオ　シー　シュエション
我 是 學生。
Wǒ shì xuéshēng.

□ これは日本のお土産です。

ジョー　シー　ルィベン　ダ　トーチャン
這 是 日本 的 特產。
Zhè shì Rìběn de tèchǎn.

2.「～がほしい」「～をください」

我 想 要 ～。
ウオ　シアン　ヤオ

◆ 要望を相手に伝えるときのパターン

自分のほしい物や，買物で「～をください」と頼むときなどに使う頭出し表現です。"～"には，「ほしいもの」が入ります。

英語で言えば I'd like ~. です。

例文で使い方をマスターしましょう！

☐ 買い物袋がほしいのですが。

我 想 要 一個 購物 袋。
ウオ　シアン　ヤオ　イーゴォ　ゴウウー　ダイ
Wǒ xiǎng yào yíge gòuwù dài.

☐ コーヒーが欲しいのですが。

我 想 要 咖啡。
ウオ　シアン　ヤオ　カーフェイ
Wǒ xiǎng yào kāfēi.

☐ 禁煙席をお願いします。

我 想 要 禁煙 座位。
ウオ　シアン　ヤオ　ジンイエ　ズオウエイ
Wǒ xiǎng yào jìnyān zuòwèi.

☐ チャイナドレスがほしいのですが。

我 想 要 旗袍。
ウオ　シアン　ヤオ　チィパオ
Wǒ xiǎng yào qípáo.

3.「…したい」

我 想 ～。
ウオ　シアン

◆ 自分のしたいことを言うときのパターン

　このパターンは,「見たい」「買いたい」など「～したい」という自分の希望や願望を言うときに使います。"～"には,「したいこと」が入ります。
　英語の I'd like to ~. に相当します。

例文で使い方をマスターしましょう！

□ これを買いたいのですが。

ウオ　シアン　マイ　ジェイゴォ
我 想 買 這個。
Wǒ xiǎng mǎi zhèige.

□ これを見たいのですが。

ウオ　シアン　カン　ジェイゴォ
我 想 看 這個。
Wǒ xiǎng kàn zhèige.

□ 両替をしたいのですが。

ウオ　シアン　ホアンチエン
我 想 換錢。
Wǒ xiǎng huànqián.

□ 予約を変更したいのですが。

ウオ　シアン　ゴンガイ　ュィユエ
我 想 更改 預約。
Wǒ xiǎng gēnggǎi yùyuē.

4.「…はありますか？」

有 ～ 嗎？
ヨウ　　マ

◆「あるかどうか」聞くときのパターン

　買い物やレストランで，自分がほしいものがあるかどうかをたずねるときのパターンです。"～"には，「欲しいもの」などが入ります。
　英語で言えば Do you have ～？です。

例文で使い方をマスターしましょう！

☐ 硯はありますか？

ヨウ　イエンタイ　マ
有　硯台　嗎？　　　　"嗎"は疑問詞
Yǒu　yàntái　ma?

☐ 記念切手はありますか？

ヨウ　ジイニエン　ヨウピアオ　マ
有　紀念　郵票　嗎？
Yǒu　jìniàn　yóupiào　ma?

☐ ガイドブックはありますか？

ヨウ　リュヨウ　ジナン　マ
有　旅遊　指南　嗎？
Yǒu　lǚyóu　zhǐnán　ma?

☐ 日本語の話せる人はいますか？

ヨウ　ホェイ　ジアン　ルィウエン　ダ　ルエン　マ
有　會　講　日文　的　人　嗎？
Yǒu　huì　jiǎng　Rìwén　de　rén　ma?

5.「～してもいいですか？」

可以 ～ 嗎？
コォイー　　マ

◆ 自分のしたいことの許可を相手に求めるときのパターン

「窓を開けてもいいですか？」というように,「～してもいいですか？」と自分の行動の許可を相手に求めるときの表現です。"～"には,「したいこと」が入ります。英語で言えば, May I ～？です。

例文で使い方をマスターしましょう！

□ 窓を開けてもいいですか？

コォイー　ダーカイ　チョアンフゥ　マ
可以 打開 窗戶 嗎？
Kěyǐ　dǎkāi　chuānghù　ma?

□ ここに座ってもいいですか？

コォイー　ズオザァイ　ジョーリー　マ
可以 坐在 這裡 嗎？
Kěyǐ　zuòzài　zhèlǐ　ma?

□ タバコを吸ってもいいですか？

コォイー　シィ　イエン　マ
可以 吸 煙 嗎？
Kěyǐ　xī　yān　ma?

□ 入ってもいいですか？

コォイー　ジンライ　マ
可以 進來 嗎？
Kěyǐ　jìnlái　ma?

6.「～することができますか？」

能 ～ 嗎？
ノン　　　マ

◆「～することができますか？」と可能性を聞くときのパターン

「貴重品を預かってもらえますか？」というように，自分の希望がかなうかどうか（能力・条件の上から）の可能性を聞くときに使います。"～"には，「したいこと」が入ります。

例文で使い方をマスターしましょう！

□ 貴重品を預かってもらえますか？

ノン　ジーファン　グェイショォン　ウーピン　マ
能　寄放　貴重　物品　嗎？
Néng　jìfàng　guìzhòng　wùpǐn　ma?

□ 窓を開けてもいいですか？

ノン　カイ　イーシヤ　チョアンフゥ　マ
能　開　一下　窗戶　嗎？
Néng　kāi　yíxià　chuānghù　ma?

□ その宝石を見ることはできますか？

ノン　カンカン　ネイゴォ　バオシー　マ
能　看看　那個　寶石　嗎？
Néng　kànkan　nèige　bǎoshí　ma?

単音節（一文字）の動詞の重複は"ちょっと"の意味で二番目の動詞"看"は軽聲で"kan"と発音する

□ ここでチケットは買えますか？

ノン　ザァイ　ジョーリー　マイ　ピアオ　マ
能　在　這裡　買　票　嗎？
Néng　zài　zhèlǐ　mǎi　piào　ma?

7.「～してもらえますか？」

你 能 ～ 嗎？
ニー　ノン　　マ

◆ 相手にものを頼むときのパターン

この表現は「～してもらえますか？」と相手にものを頼むときに使います。"～"には，「してもらいたいこと」が入ります。英語の Can you ～? に相当します。

例文で使い方をマスターしましょう！

□ 手伝ってもらえますか？

ニー　ノン　バン　ウォ　マ
你 能 幫 我 嗎？
Nǐ néng bāng wǒ ma?

□ 道を教えてもらえますか？

ニー　ノン　ガオスゥ　ウォ　ゼンモ　ゾウ　マ
你 能 告訴 我 怎麼 走 嗎？
Nǐ néng gàosù wǒ zěnme zǒu ma?

□ 少し待ってもらえますか？

ニー　ノン　シァオドン　マ
你 能 稍等 嗎？
Nǐ néng shāoděng ma?

□ タクシーを呼んでもらえますか？

ニー　ノン　バン　ウォ　ジアオ　ジィチョンチョー　マ
你 能 幫 我 叫 計程車 嗎？
Nǐ néng bāng wǒ jiào jìchéngchē ma?

8.「どうぞ〜（してください）」

請 〜。
チン

◆ ていねいな命令の表現をするときのパターン

"請"は「頼む,お願いする」という意味。相手に何かをお願いするときや勧めるときの表現です。"〜"には依頼の内容が入ります。
英語のPlease 〜 . に相当します。

例文で使い方をマスターしましょう！

□ 早くしてください。

チン　クアイ　ディエン
請　快　點。
Qǐng　kuài　diǎn.

□ 携帯に電話してください。

チン　ダー　ウオ　ダ　ショウジィ
請　打　我　的　手機。
Qǐng　dǎ　wǒ　de　shǒujī.

□ もう少し安くして。

チン　スワン　ピエンイー　イーディエン
請　算　便宜　一點。
Qǐng　suàn　piányí　yìdiǎn.

□ クレジットカードを無効にしてください。

チン　チュイシアオ　ウオ　ダ　シンヨンカー
請　取消　我　的　信用卡。
Qǐng　qǔxiāo　wǒ　de　xìnyòngkǎ.

"卡"はカード

9.「私に～（して）ください」

請 給 我 ～。
チン　ゲイ　ウオ

◆ 頼みごとやものをもらったりするときのパターン

相手に頼み事をするときやものをもらったりするときのパターンです。"～"には，「ほしい物やしてほしいこと」が入ります。"請給我"の後には，名詞も動詞も使える便利な表現です。

例文で使い方をマスターしましょう！

□ これをください。

チン　ゲイ　ウオ　ジェイ　ゴォ
請 給 我 這 個。
Qǐng gěi wǒ zhèige.

□ ちょっとメニューを見せてください。

チン　ゲイ　ウオ　カンカン　ツァイダン
請 給 我 看看 菜單。
Qǐng gěi wǒ kànkan càidān.

□ 1枚地図をください。

チン　ゲイ　ウオ　イージャン　ディトゥー
請 給 我 一張 地圖。
Qǐng gěi wǒ yìzhāng dìtú.

□ 部屋を変えてほしいのですが。

チン　ゲイ　ウオ　ホアン　イーシヤ　ファンジエン
請 給 我 換 一下 房間。
Qǐng gěi wǒ huàn yíxià fángjiān.

10.「～したことがありますか？」

你 ＋ [動詞] ＋ 過 ～ 嗎？
ニー　　　　　　　グオ　　マ

◆ 過去の経験を聞くときのパターン

「食べたことがありますか？」というように，相手に過去の経験を聞くときのパターンです。動詞の後に経験の助詞"過"を付けて表します。英語の Have you ever ～ ？（have ＋ PP）に相当します。

例文で使い方をマスターしましょう！

□ あなたは日本へ行ったことがありますか？

ニー　チュイグオ　ルィベン　マ
你 去過 日本 嗎？
Nǐ　qùguò　Rìběn　ma?

□ あなたは刺身を食べたことがありますか？

ニー　チーグオ　ションユィピエン　マ
你 吃過 生魚片 嗎？
Nǐ　chīguò　shēngyúpiàn　ma?

□ これを見たことがありますか？

ニー　カングオ　ジェイゴォ　マ
你 看過 這個 嗎？
Nǐ　kànguò　zhèige　ma?

□ 日本酒を飲んだことありますか？

ニー　ホーグオ　ルィベンジョウ　マ
你 喝過 日本酒 嗎？
Nǐ　hēguò　Rìběnjiǔ　ma?

11.「あなたは〜できますか？」

你 會 〜 嗎？
ニー ホェイ　　マ

◆可能性を相手に聞くときのパターン

「あなたは台湾語が話せますか？」というように，相手に「〜できますか？」とたずねるときのパターンです。つまり"會"は学習により身につけた技能。"〜"には，「相手ができるかどうかをたずねること」が入ります。

例文で使い方をマスターしましょう！

☐ あなたはパソコンが使えますか？

ニー　ホェイ　シーヨン　ディエンナオ　マ
你 會 使用 電腦 嗎？
Nǐ huì shǐyòng diànnǎo ma?

☐ あなたは二胡が弾けますか？

ニー　ホェイ　ラー　アルフゥー　マ
你 會 拉 二胡 嗎？
Nǐ huì lā èrhú ma?

☐ あなたは車が運転できますか？

ニー　ホェイ　カイ　チョー　マ
你 會 開 車 嗎？
Nǐ huì kāi chē ma?

☐ あなたは台湾語が話せますか？

ニー　ホェイ　ジアン　タイユィ　ミンナンユィ　マ
你 會 講 臺語（閩南語）嗎？
Nǐ huì jiǎng Táiyú Mǐnnányǔ ma?

12. 疑問詞①「何」「どこで」

什麼，哪裡
シェンモ　　　ナーリー

◆ 具体的な答えを求めるパターン

「何？」「どこ？」と具体的にものをたずねたり，質問したりするときに使う表現です。このような疑問詞が用いられる疑問文では文末に"嗎"はつけません。

例文で使い方をマスターしましょう！

□ この料理は何ですか？

ジョー　シー　シェンモ　ツァイ
這 是 **什麼** 菜？
Zhè shì shénme cài?

□ 何が好きですか？

ニー　シィホアン　シェンモ　ドォンシィー
你 喜歡 **什麼** 東西？
Nǐ xǐhuān shénme dōngxī?

□ タクシー乗り場はどこですか？

ジィチョンチョー　チョンチョーチュ　ザァイ　ナーリー
計程車 乘車處 在 **哪裡**？
Jìchéngchē chéngchēchù zài nǎlǐ?

□ 切符売り場はどこですか？

ショウピアオコウ　ザァイ　ナーリー
售票口 在 **哪裡**？
Shòupiàokǒu zài nǎlǐ?

13. 疑問詞② 「いつ」「だれ」

什麼時候，誰
シェンモシーホウ　　シェイ

◆ 具体的な答えを求めるパターン

「いつ？」「だれ？」と，具体的にものを尋ねたり，質問したりするときに使う表現です。このような疑問詞が用いられる疑問文では文末に"嗎"はつけません。平叙文の聞きたいところに"疑問詞"を置けばよいのです。

例文で使い方をマスターしましょう！

□ コンサートはいつ始まるのですか？

音樂會 什麼時候 開始？
Yīnyuèhuì shénmeshíhòu kāishǐ?
インユエホェイ　シェンモシーホウ　カイシー

□ いつ日本に帰りますか？

什麼時候 回 日本？
Shénmeshíhòu huí Rìběn?
シェンモシーホウ　ホェイ　ルィベン

□ 次の列車は何時に出発しますか？

下 一班 列車 什麼時候 開？
Xià yìbān lièchē shénmeshíhòu kāi?
シア　イーバン　リエチョー　シェンモシーホウ　カイ

□ だれをおたずねですか？

您 找 誰？
Nín zhǎo shuí?
ニン　ジャオ　シェイ

14. 疑問詞③「どれ/どの」「どう（方法等）/どのように」「どう（様態等）/いかが」

哪，怎麼，怎麼樣
ネイ　　ゼンモ　　　ゼンモヤン

◆ 具体的な答えを求めるパターン

「どれ？」／「どの？」「どのように？」「どうですか？」と選択や方法などを具体的に聞くときに使う表現です。このような疑問詞が用いられる疑問文では文末に"嗎"はつけません。平叙文の聞きたいところに"疑問詞"を置けばよいのです。

例文で使い方をマスターしましょう！

□ どれがほしいですか？

ニー　シアン　ヤオ　ネイ　ゴォ
你　想　要　哪　個？
Nǐ xiǎng yào něi ge?

□ どの便（飛行機）にお乗りですか？

ニー　ズオ　ネイ　バン　フェイジィー
你　坐　哪　班　飛機？
Nǐ zuò něi bān fēijī?

□ これはどのように使うのですか？

ジェイ　ゴォ　ゼンモ　ヨン
這　個　怎麼　用？
Zhèi ge zěnme yòng?

□ 明日の天気はどうですか？

ミンティエン　ティエンチイ　ゼンモヤン
明天　天氣　怎麼樣？
Míngtiān tiānqì zěnmeyàng?

15. 疑問詞④　数字についてたずねる

多少，幾
ドゥオシァオ　ジィ

◆「金額」や「人数」などを質問するときのパターン

　「いくら？」「何人？」「何時？」というように，数、金額、人数、時間などは疑問詞の"多少""幾"を使って表現します。"多少"は10以上の数，"幾"は10以下の数を予想して聞く場合に用います。

例文で使い方をマスターしましょう！

□ 今日の為替レートはどのくらいですか？

ジンティエン　ホイリュー　シー　ドゥオシァオ
今天　匯率　是　多少？
Jīntiān　huìlǜ　shì　duōshǎo?

□ これはいくらですか？

ジェイゴ　ドゥオシァオ　チエン
這個　多少　錢？
Zhèige　duōshǎo　qián?

→ 台湾では10元以下の物が少ないので"幾塊錢"よりも"多少錢"のほうがよく使われています

□ 何人ですか？

ジィ　ゴォ　レン
幾　個　人？
Jǐ　ge　rén?

□ 何時ですか？

ジィ　ディエン
幾　點？
Jǐ　diǎn?

→ 時間は必ず"幾"を用います

PART 3
すぐに話せる！
よく使う台湾華語の基本・日常表現

1課 日常のあいさつ①

ショート対話

□ A: 忙しいですか？

最近 忙 不 忙？
Zuìjìn máng bù máng?
（ズェイジン マン ブゥ マン）

□ B: 忙しいです。／あまり忙しくありません。

很 忙。／ 不 太 忙。
Hěn máng. Bú tài máng.
（ヘン マン ／ ブゥ タイ マン）

□ B: まあまあです。

還好。
Háihǎo.
（ハイハオ）

□ B: いいえ（忙しくないです）。

不 忙。
Bù máng.
（ブゥ マン）

関連表現・事項

【台湾語では？】

□ ご飯食べましたか？（「元気ですか？」のあいさつに近い）

食 飽 沒？
（チァ バァ ボェ）

台湾華語では 吃飽了嗎？
（チー バウ ラ マ）

すぐに使えるフレーズ

☐ こんにちは。

ニー ハオ　　ニン ハオ
你 好。／ 您 好。
Nǐ hǎo.　　Nín hǎo.

☐ 皆さん，こんにちは。

ダージィア ハオ
大家 好。
Dàjiā hǎo.

☐ おはようございます。

ザァオアン
早安。　　丁寧な言い方
Zǎo'ān.　　"早" おはよう

☐ お元気ですか？

ニー ハオ マ
你 好 嗎？
Nǐ hǎo ma?

☐ 元気です。あなたは？

ヘン ハオ ニー ナ
很 好。你 呢？
Hěn hǎo. Nǐ ne?

☐ お久しぶりです。

ハオジョウ ブゥ ジエン
好久 不 見。
Hǎojiǔ bú jiàn.

2課 日常のあいさつ②

ショート対話

□ A: お先に失礼します。

シエン ズォウ ラ
先 走 了。
Xiān zǒu le.

□ B: ごくろうさま（でした）。

シンクゥ ラ
辛苦 了。
Xīnkǔ le.

□ A: さようなら。

ザァイジエン
再見。
Zàijiàn.

関連表現・事項

■台湾で多い姓

台湾で多い姓は，張 (Zhāng ジャン) さん，陳 (Chén チェン) さん，林 (Lín リン) さん，李 (Lǐ リー) さん，王 (Wáng ワン) さん，楊 (Yáng ヤン) さん，黄 (Huáng ホアン) さん，劉 (Liú リョウ) さんなど。

お互いの名前は書いて渡すようにするといいですね。

すぐに使えるフレーズ

☐ 気をつけて行ってくださいね。[送る人] 見送るには及びません
どうぞそのままで（帰る人）

チン　マン　ゾゥ
請 慢 走。
Qǐng màn zǒu.

チン　リョウブゥ
請 留 歩。
Qǐng liú bù.

☐ おやすみなさい。（寝る前のあいさつ）

ワンアン
晚安。
Wǎn'ān.

☐ 体に気をつけて。／お大事に。

チン　バオジョォン
請 保重。
Qǐng bǎozhòng.

☐ 道中ご無事で。

イールゥ　シュンフォン
一路 順風。
Yílù shùnfēng.

☐ バイバイ。

バイバイ
拜拜。
Bāi bai.

☐ 気をつけて行ってらっしゃい。

ルゥシャン　シアオシン
路上 小心。
Lùshàng xiǎoxīn.

PART 3　すぐに話せる！よく使う台湾華語の基本・日常表現

3課 「お礼」「祝い」のことば

ショート対話

□ A: ありがとう。

シエシエ
謝謝。
Xièxie.

□ B: どういたしまして。

ブゥ コォチィ　　ブゥ シエ
不 客氣。／ 不 謝。
Bú kèqì.　　Bú xiè.

丁寧な言い方

□ A: お世話になりました。

シエシエ ニン ダ ジャオグゥ
謝謝 您 的 照顧。
Xièxie nín de zhàogù.

□ B: どういたしまして。

ブゥ シエ
不 謝。
Bú xiè.

関連表現・事項

■ 謝謝 你 ~。

「~をありがとう」と，特定の"~"についてのお礼や感謝をしたいときの表現。英語の Thank you for ~. のパターンに相当します。

見送りに来てくれてありがとう。

シエシエ ニー ライ ソォンシン
謝謝 你 來 送行。
Xièxie nǐ lái sòngxíng.

すぐに使えるフレーズ

☐ ご好意に感謝します。

シエシエ　ニー　ダ　ハオイー
謝謝 你 的 好意。
Xièxie nǐ de hǎoyì.

☐ お手伝いしましょうか？

シュイヤオ　バンマン　マ
需要 幫忙 嗎?
Xūyào bāngmáng ma?

☐ 大丈夫です。

メイ　ウエンティー
沒 問題。
Méi wèntí.

☐ おめでとうございます。

ゴォンシィー ゴォンシィー
恭喜 恭喜。
Gōngxǐ gōngxǐ.

☐ お誕生日おめでとうございます。

ションルィ　クアイラ
生日 快樂。
Shēngrì kuàilè.

☐ 新年おめでとうございます。

シンニエン　クアイラ
新年 快樂。
Xīnnián kuàilè.

4課 おわびのことば

ショート対話

□ A: すみません。

對不起。
ドェイブゥチィー
Duìbùqǐ.

□ B: 大丈夫です。

不要緊。
ブゥ ヤオジン
Bú yàojǐng.

□ A: ごめんなさい。

很抱歉。
ヘン バオチエン
Hěn bàoqiàn.

□ B: いいえ。

沒關係。
メイ グアンシィー
Méi guānxī.

関連表現・事項

【台湾語では？】

◇ こんにちは。
你好。
リホー

◇ ありがとう。
感謝。
ガムシャ

◇ すみません。
歹勢。
パイセ

◇ (話を聞いて) わかりません。
聽無。
テャボー

すぐに使えるフレーズ

□ 申し訳ありません。

ブゥ　ハオ　イース
不　好　意思。
Bù　hǎo　yìsi.

□ お手数かけます。

マーファン　ニー
麻煩　你。
Máfán　nǐ.

【おわびに応えて】

□ 問題ありません。

メイ　ウエンティー
沒　問題。
Méi　wèntí.

□ かまいません。

メイ　グァンシィー
沒　關係。
Méi　guānxī.

□ 大丈夫です。

ブゥ　ヤオジン
不　要緊。
Bú　yào　jǐn.

□ いいえ。

ブゥ　ホェイ
不　會。
Bú　huì.

5課 はい，いいえ

よく使う表現

□ はい。

<ruby>是<rt>シー</rt></ruby>。
Shì.

□ いいえ。

<ruby>不是<rt>ブゥ シー</rt></ruby>。
Bú shì.

□ そうです。

<ruby>對<rt>ドェイ</rt></ruby>。
Duì.

□ 違います。

<ruby>不對<rt>ブゥ ドェイ</rt></ruby>。
Bú duì.

関連表現・事項

■呼びかけ

「ちょっとすみません」　<ruby>對不起<rt>ドェイブゥチィ</rt></ruby>。

台湾語では　<ruby>歹勢<rt>パイセ</rt></ruby>。

すぐに使えるフレーズ

☐ いいよ。

好 啊。
ハオ ア
Hǎo ā.

☐ よくない。

不 好。
ブゥ ハオ
Bù hǎo.

☐ わかりました。

明 白 了。
ミンバイ ラ
Míngbái le.

☐ わかりません。

不 明 白。
ブゥ ミンバイ
Bù míngbái.

☐ いいですよ。

可 以 啊。
コォイー ア
Kěyǐ ā.

☐ ダメです。

不 可 以。
ブゥ コォイー
Bù kěyǐ.

PART 3 すぐに話せる！よく使う台湾華語の基本・日常表現

6課 感情を伝える

役に立つ表現

□ うれしいです。

ウオ　ヘン　ガオシン
我 很 高興。
Wǒ hěn gāoxìng.

□ 私は幸せです。

ウオ　ヘン　シンフゥー
我 很 幸福。
Wǒ hěn xìngfú.

□ 信じられない。

タイ　クアジャン　ラ　バ
太 誇張 了 吧。
Tài kuāzhāng le ba.

□ かっこいい。

ヘン ショアイ　　　　ヘン クゥ
很 帥。 / 很 酷。
Hěn shuài.　　Hěn kù.

関連表現・事項

■ 呼びかける

「ちょっと！」 （男性を）	「ちょっと！」 （女性を）	「おじさん！」	「おばさん！」
シエンション	シアオジェー	ボーボ	アーイー
先生！	小姐！	伯伯！	阿姨！
xiānshēng!	xiǎojiě!	bóbo!	āyí!

すぐに使えるフレーズ

☐ とても珍しいですね。

ヘン　シィーチィー　イエ
很 稀奇 耶。
Hěn　xīgí　yē.

☐ かわいい。

ハオ　コォアイ
好 可愛。
Hǎo　kě'ài.

☐ 幸せ。

ハオ　シンフゥー
好 幸福。
Hǎo　xìngfú.

☐ すごいね。

ハオ　バン
好 棒。
Hǎo　bàng.

☐ まさか。

ブゥ　ホェイ　バ
不 會 吧。
Bú　huì　ba.

7課 自宅に招待する［される］

ショート対話

□ A: こんにちは

ニー　ハオ
你 好。
Nǐ　hǎo.

□ B: こんにちは。いらっしゃい。どうぞ，お入りください。

ニー　ハオ　　ホアンイン　ホアンイン
你 好。 歡迎 歡迎。
Nǐ　hǎo.　Huānyíng　huānyíng.

チンジン　　チンジン
請 進 請 進。
Qǐngjìn　qǐngjìn.

□ A: お邪魔します。

ダールァオ　ラ
打擾 了。
Dǎrǎo　le.

関連表現・事項

【台湾語では？】

◇ おいしい。（食べて）
ホージャ
好食。

◇ おいしい。（飲んで）
ホーリム
好飲。

◇ おなかいっぱいです。
ジョッバー
足飽。

すぐに使えるフレーズ

☐ お招きいただいてありがとうございます。

シエシエ ニー ダ ヤオチン
謝謝 你 的 邀請。
Xièxie nǐ de yāoqǐng.

☐ これは日本のお土産です。

ジョー シー ルィベン ダ タチャン
這 是 日本 的 特產。
Zhèshì Rìběn de tèchǎn.

☐ 気に入るといいのですが。

シィワン ニー ホエイ シィホアン
希望 你 會 喜歡。
Xīwàng nǐ huì xǐhuān.

☐ 気に入りました。

ウオ ヘン シィホアン
我 很 喜歡。
Wǒ hěn xǐhuān.

☐ どうぞ座ってください。

チン ズオ
請 坐。
Qǐng zuò.

☐ どんなものが好きですか？

ニー シィホアン シェンモ ドンシー
你 喜歡 什麼 東西？
Nǐ xǐhuān shénme dōngxī?

PART 3
すぐに話せる！よく使う台湾華語の基本・日常表現

□ いただきます。

カイ ドォン
開動。
Kāi dòng.

□ おいしい。

ハオチー
好吃。
Hǎochī.

□ とっても（飲んで）おいしいです。

ヘン ハオホー
很 好喝。
Hěn hǎohē.

□ おなかいっぱいです。

バオ ラ　　　ハウ バオ
飽了。/ 好飽。
Bǎole.　　Hǎobǎo.

□ ごちそうさま。

シエシエ ニー ダ クアンダイ
謝謝 你 的 款待。
Xièxie nǐ de kuǎndài.

□ もうこんな時間です。

シージエン　チャブゥドゥオ　ラ
時間　差不多　了。
Shíjiān　chàbùduō　le.

シージエン　ブゥザァオ　ラ
時間　不早　了。
Shíjiān　bùzǎo　le.

□ 私はもう行かなければなりません。

ウオ　ガイ　ゾォウ　ラ
我　該　走　了。
Wǒ　gāi　zǒu　le.

□ そろそろ時間なので…。

シージエン　ブゥザァオ　ラ
時間　不早　了…。
Shíjiān　bùzǎo　le….

□ 今日はとても楽しかったです。

ジンティエン　フェイチャン　ユィクアイ
今天　非常　愉快。
Jīntiān　fēicháng　yúkuài.

□ 今日はどうもありがとう。

ジンティエン　ジェン　シエシエ　ニー　ラ
今天　真　謝謝　你　了。
Jīntiān　zhēn　xièxie　nǐ　le.

PART 3　すぐに話せる！よく使う台湾華語の基本・日常表現

8課 天気

ショート対話

□ A: 明日の天気はどうですか？

ミンティエン ティエンチィ　ゼンモヤン
明天 天氣 怎麼樣？
Míngtiān tiānqì zěnmeyàng?

□ B: 雨が降りそうですね。

カンチィライ　ヤオ　シアユィ
看起來 要 下雨。
Kànqǐlái yào xiàyǔ.

□ A: 今日は寒いですか？

ジンティエン ロン　マ
今天 冷 嗎？
Jīntiān lěng ma?

□ B: 今日は晴れています。

ジンティエン　シー　チンティエン
今天 是 晴天。
Jīntiān shì qíngtiān.

関連表現・事項

■天気用語

	チンティエン		ユィティエン		インティエン
◇晴れ	晴天 qíngtiān	◇雨	雨天 yǔtiān	◇曇り	陰天 yīntiān
	レイ		ウー		タイフォン
◇雷	雷 léi	◇霧	霧 wù	◇台風	颱風 táifēng

すぐに使えるフレーズ

□ 今日は天気がよくないですね。

ジンティエン ティエンチィ ブゥ ハオ
今天 天氣 不 好。
Jīntiān tiānqì bù hǎo.

□ 雨が降ってきた。

シァユィ ラ
下雨 了。
Xiàyǔ le.

□ 今日は暑いですね。

ジンティエン ヘン ルォ
今天 很 熱。
Jīntiān hěn rè.

□ 今日は寒いですね。

ジンティエン ヘン ロン
今天 很 冷。
Jīntiān hěn lěng.

□ 今日は涼しいですね。

ジンティエン ヘン リアンクアイ
今天 很 涼快。
Jīntiān hěn liángkuài.

□ 今日は暖かいですね。

ジンティエン ヘン ヌアンフォ
今天 很 暖和。
Jīntiān hěn nuǎnhuo.

PART 3 すぐに話せる！よく使う台湾華語の基本・日常表現

9課 自己紹介する／挨拶をする

ショート対話

□ A: こんにちは。

ニー　ハオ
你 好。
Nǐ　hǎo.

□ B: こんにちは。

ニー　ハオ
你 好。
Nǐ　hǎo.

□ B: お会いできてうれしいです。

ヘン　　ガオシン　　ルェンシー　ニー
很 高興 認識 你。
Hěn　gāoxìng　rènshì　nǐ.

関連表現・事項

【台湾語では？】

「私は日本人です」

ゴワ　シィ　　リップンラン
我 是 日本人。

すぐに使えるフレーズ

☐ 私の名前は鈴木加代です。

ウオ　ジアオ　リンムゥ　ジィアダイ

我 叫 鈴木 加代。
Wǒ　jiào　Línmù　Jiādài.

☐ よろしくお願いします。

チン　ドゥオドゥオ　ジジアオ

請 多多 指教。
Qǐng　duōduō　zhǐjiào.

初対面のときに使う表現

バイトゥオ　ニー　ラ

拜託 你 了。
Bàituō　nǐ　le.

頼みたいことがあるときに使う表現

☐ A: あなたは台湾人ですか？

ニー　シー　タイワンルェン　マ

你 是 臺灣人 嗎？
Nǐ　shì　Táiwānrén　ma?

☐ B: いいえ。私は台湾人ではありません。

ブゥ　ウオ　ブゥ　シー　タイワンルェン

不。我 不 是 臺灣人。
Bù.　Wǒ　bú　shì　Táiwānrén.

PART 3 すぐに話せる！よく使う台湾華語の基本・日常表現

□ A: あなたは日本人ですか？

ニー　シー　ルィベンルェン　マ
你 是 日本人 嗎？
Nǐ　shì　Rìběnrén　ma?

□ B: はい。私は日本人です。

シー　ウオ　シー　ルィベンルェン
是。我 是 日本人。
Shì.　Wǒ　shì　Rìběnrén.

□ A: あなたのお名前は？

ニン　グェイ　シン
您 貴 姓？
Nín　guì　xìng?

□ B: 私は佐藤です。

ウオ　シン　ズオトンー
我 姓 佐藤。
Wǒ　xìng　Zuǒténg.

□ A: お名前はどう書きますか？

ニー　ダ　ミンズ　ゼンモ　シエー
你 的 名字 怎麼 寫？
Nǐ　de　míngzì　zěnme　xiě?

□ A: どちらからいらっしゃったのですか？

ニン　ツォン　ナーリー　ライ　ダ
您 從 哪裡 來 的？
Nín　cóng　nǎlǐ　lái　de?

☐ B: 私は東京から来ました。／B: 私は東京出身です。

我 從 東京 來。／我 是 東京人。
Wǒ cóng Dōngjīng lái. Wǒ shì Dōngjīngrén.

ウオ ツォン ドォンジン ライ ウオ シー ドォンジンルェン

☐ A: おいくつですか？

你 幾 歲？
Nǐ jǐ suì?

ニー ジィ スェイ

☐ B: 私は今年25歳になります。

我 今年 二十五歲。
Wǒ jīnnián èrshíwǔsuì.

ウオ ジンニェン アルシーウースェイ

☐ A: お誕生日は…？／お誕生日は何月何日ですか？

你 的 生日 是…?
Nǐ de shēngrì shì…?

ニー ダ ションルィ シー

你 的 生日 是 幾 月 幾 日？
Nǐ de shēngrì shì jǐ yuè jǐ rì?

ニー ダ ションルィ シー ジィ ユエ ジィ ルィ

☐ B: 4月25日生まれです。

我 的 生日 是 四月 二十五日。
Wǒ de shēngrì shì sìyuè èrshíwǔrì.

ウオ ダ ションルィ シー スーユエ アルシーウールィ

PART 3 すぐに話せる！よく使う台湾華語の基本・日常表現

10課 友だちづくり

ショート対話

【仕事・職業】

□ A: お仕事は？

ニー　ズオ　シェンモ　ゴォンズオ
你 做 什麼 工作？
Nǐ　zuò　shénme　gōngzuò?

□ B: 私はサラリーマンです。

ウオ　シー　シャンバンズゥ
我 是 上班族。
Wǒ　shì　shàngbānzú.

□ B: 私はＯＬです。

ウオ　シー　フェンリンズゥ　　　ニュイシン　シャンバンズゥ
我 是 粉領族 [女性上班族]。
Wǒ　shì　fěnlǐngzú　　nǚxìng　shàngbānzú.

関連表現・事項

【台湾語では？】

◇「友だち」　◇「ボーイフレンド」　◇「ガールフレンド」

ピンユー　　　ランピンユー　　　　ルーピンユー
朋友　　　　男朋友　　　　　女朋友

すぐに使えるフレーズ

□ 私は学生です。

ウオ　シー　シュエション
我 是 學生。
Wǒ　shì　xuéshēng.

□ 私は公務員です。

ウオ　シー　ゴォンウーユアン
我 是 公務員。
Wǒ　shì　gōngwùyuán.

□ 私はエンジニアです。

ウオ　シー　ジィシュユアン
我 是 技術員。
Wǒ　shì　jìshùyuán.

□ これは私の名刺です。

ジョー　シー　ウオ　ダ　ミンピエン
這 是 我 的 名片。
Zhè　shì　wǒ　de　míngpiàn.

□ あなたは台湾出身ですか？

ニー　シー　タイワンルェン　マ
你 是 臺灣人 嗎？
Nǐ　shì　Táiwānrén　ma?

PART 3　すぐに話せる！よく使う台湾華語の基本・日常表現

☐ 私は結婚しています。

ウオ　ジェーフェン　ラ

我 結婚 了。
Wǒ　jiéhūn　le.

☐ 独身です。

ウオ　ダンシェン

我 單身。
Wǒ　dānshēn.

☐ 子どもがいます。

ウオ　ヨウ　シアオハイ

我 有 小孩。
Wǒ　yǒu　xiǎohái.

☐ 私には子どもが２人います。

ウオ　ヨウ　リアンゴォ　ハイズ

我 有 兩個 孩子。
Wǒ　yǒu　liǎngge　háizi.

【尋ねる】

☐ あなたは高雄に行ったことがありますか？

ニー　チュイグオ　ガオション　マ

你 去過 高雄 嗎？
Nǐ　qùguò　Gāoxióng　ma?

□ あなたは日本のＪポップを聞いたことがありますか？

ニー　ティングオ　ルィベン　ダ　リョウシン　インユエ　マ
你 聽過 日本 的 流行 音樂 嗎？
Nǐ　tīngguò　Rìběn　de　liúxíng　yīnyuè　ma?

□ どんなものが好きですか？

ニー　シィホアン　シェンモ　ドォンシィー
你 喜歡 什麼 東西？
Nǐ　xǐhuān　shénme　dōngxī?

□ あなたは台湾語が話せますか？

ニー　ホェイ　ジアン　タイユィ　マ
你 會 講 臺語 嗎？
Nǐ　huì　jiǎng　Táiyǔ　ma?

□ 日本語が上手ですね。

ニー　ルィユィ　シュオ　ダ　ジェン　ハオ
你 日語 說 得 真 好。
Nǐ　Rìyǔ　shuō　de　zhēn　hǎo.

□ ぜひ日本にも遊びに来てください。

チン　イーディン　ヤオ　ダオ　ルィベン　ライ　ワン
請 一定 要 到 日本 來 玩。
Qǐng　yídìng　yào　dào　Rìběn　lái　wán.

PART 3　すぐに話せる！よく使う台湾華語の基本・日常表現

【連絡】

□ 連絡取り合いましょう。

バオ チー リェンルオ
保持 聯絡。
Bǎochí liánluò.

□ 携帯に電話してください。

チン ダー ウオ ダ ショウジィー
請打我的手機。
Qǐng dǎ wǒ de shǒujī.

□ Eメール（アドレス）は？

ニー ダ ディエンズヨウジエン シー シェンモ
你的電子郵件是什麼？
Nǐ de diànzǐyóujiàn shì shénme?

□ 何かあったらメールしてね。

ヨウ スー シエ ディエンズヨウジエン バ
有事寫電子郵件吧。
Yǒu shì xiě diànzǐyóujiàn ba.

□ 住所を教えてください。

チン ガオスゥ ウオ ニン ダ ディジー
請告訴我您的地址。
Qǐng gàosù wǒ nín de dìzhǐ.

□ 電話番号を教えてください。

チン　ガオスゥ　ウオ　ニン　ダ　ディエンホア　ハオマー
請 告訴 我 您 的 電話 號碼。
Qǐng gàosù wǒ nín de diànhuà hàomǎ.

□ お世話になりました。

シエシエ　ニー　ダ　ジャオグゥ
謝謝 你 的 照顧。
Xièxie nǐ de zhàogù.

□ お手数をおかけします。

マーファン　ニー　ラ
麻煩 你 了。
Máfán nǐ le.

□ あなたのことを忘れません。

ウオ　ブゥ　ホェイ　ワンジィ　ニー　ダ
我 不 會 忘記 你 的。
Wǒ bú huì wàngjì nǐ de.

□ 日本に行ったことがありますか？

ニー　チュイグオ　ルィベン　マ
你 去過 日本 嗎？
Nǐ qùguò Rìběn ma?

PART 3

すぐに話せる！よく使う台湾華語の基本・日常表現

□ いつ日本に帰りますか？

シェンモシーホウ　ホェイ　ルィベン
什麼時候 回 日本？
Shénmeshíhòu　huí　Rìběn?

□ あさってです。

ホウティエン
後天。
Hòutiān.

□ 私は7日に帰国します。

ウオ　チィハオ　ホェイ　ルィベン
我 七號 回 日本。
Wǒ　qīhào　huí　Rìběn.

【食事】

□ おなかがすきました。

ウオ　オァ　ラ
我 餓 了。
Wǒ　è　le.

□ のどが渇きました。

ウオ　コウ　コォ　ラ
我 口 渴 了。
Wǒ　kǒu　kě　le.

☐ いっしょに食事に行きましょう。

イーチィ　チュイ　チー　ファン　バ
一起 去 吃 飯 吧。
Yìqǐ　qù　chī　fàn　ba.

☐ 私がごちそうします。

ウオ　チン　コォ
我 請 客。
Wǒ　qǐng　kè.

☐ 好物は何ですか？

ニー　シィホアン　チー　シェンモ
你 喜歡 吃 什麼？
Nǐ　xǐhuān　chī　shénme?

☐ 次は私がおごります。

シア　ツー　ウオ　チン　コォ
下 次 我 請 (客)。
Xià　cì　wǒ　qǐng　kè.

11課 台湾華語

役に立つ表現

☐ 台湾華語を教えてくれますか？

ニー ノン ジアオ ウオ ジョォンウェン マ
你 能 教 我 中文 嗎？
Nǐ néng jiāo wǒ Zhōngwén ma?
　　↳英語のcan

☐ 台湾華語を教えていただけますか？

ニー コォイー ジアオ ウオ ジョォンウェン マ
你 可以 教 我 中文 嗎？
Nǐ kěyǐ jiāo wǒ Zhōngwén ma?
　　↳英語のmay

☐ 私は台湾華語を1年学びました。

ウオ シュエ ラ イーニエン ジョォンウェン
我 學 了 一年 中文。
Wǒ xué le yìnián Zhōngwén.

関連表現・事項

【台湾語では？】

◇「日本語」
リッギー
日語

◇「お客さん」
ランケー
人客

すぐに使えるフレーズ

☐ 私は台湾華語があまり話せません。

ウオ　ブゥ　タイ　ホェイ　シュオ　ジョォンウェン
我 不 太 會 說 中文。
Wǒ　bú　tài　huì　shuō　Zhōngwén.

☐ 台湾華語があまりわかりません。

ウオ　ブゥ　タイ　ドォン　ジョォンウェン
我 不 太 懂 中文。
Wǒ　bú　tài　dǒng　Zhōngwén.

☐ 漢字はどう書きますか？

ハンズー　ゼンモ　シエー
漢字 怎麼 寫？
Hànzì　zěnme　xiě?

☐ 台湾華語でどう言えばいいかわかりません？

ウオ　ブゥ　ジーダオ　ヨン　ジョォンウェン　ゼンモ　シュオ
我 不 知道 用 中文 怎麼 說？
Wǒ　bù　zhīdào　yòng　Zhōngwén　zěnme　shuō?

PART 3 すぐに話せる！よく使う台湾華語の基本・日常表現

□ 少しゆっくり話してください。

チン シュオ マン イーディエン
請 說 慢 一 點。
Qǐng shuō màn yìdiǎn.

□ ちょっとおたずねします。これは台湾華語で何と言いますか？

チンウエン ジェイ ゴォ ヨン ジョォンウェン ゼンモ シュオ
請問，這 個 用 中文 怎麼 說？
Qǐngwèn, zhèi ge yòng Zhōngwén zěnme shuō?

□ この単語を発音してもらえますか？

ジェイ ゴォ ダンツー ノン ドゥーゲイ ウオ ティン マ
這 個 單詞 能 讀給 我 聽 嗎？
Zhèi ge dāncí néng dúgěi wǒ tīng ma?

□ これはどういう意味ですか？

ジョー シー シェンモ イース
這 是 什麼 意思？
Zhè shì shénme yìsi?

□ この字はどう読みますか？

ジェイ ゴォ ズー ゼンモ ニエン
這 個 字 怎麼 念？
Zhèi ge zì zěnme niàn?

□ 漢字はどう書きますか？

ハンズー　ゼンモ　シエー
漢字 怎麼 寫？
Hànzì　zěnme　xiě?

□ 知っていますか？

ニー　ジーダオ　マ
你 知道 嗎？
Nǐ　zhīdào　ma?

□ 知っています。

ジーダオ
知道。
Zhīdào.

□ 知りません。

ブゥ　ジーダオ
不 知道。
Bù　zhīdào.

PART 3 すぐに話せる！よく使う台湾華語の基本・日常表現

12課 趣味

ショート対話

☐ A: あなたの趣味は何ですか？

ニー ダ シンチュイ シー シェンモ
你 的 興趣 是 什麼？
Nǐ de xìngqù shì shénme?

☐ B: 私は書道に興味があります。

ウオ ドェイ シューファー ガン シンチュイ
我 對 書法 感 興趣。
Wǒ duì shūfǎ gǎn xìngqù.

☐ B: 私は釣りが好きです。

ウオ シィホワン ディアオユィー
我 喜歡 釣魚。
Wǒ xǐhuān diàoyú.

関連表現・事項

■たずねるパターン

「あなたは～に興味はありますか？」

ニー ドェイ ガン シンチュイ マ
你 對～ 感 興趣 嗎？
Nǐ duì gǎn xìngqù ma?

"感興趣"で「興味がある」

すぐに使えるフレーズ

☐ カラオケは好きですか？

ニー　シィホワン　チャン　カーラー　　オケ　　マ
你 喜歡 唱 卡拉 OK 嗎？
Nǐ　xǐhuān　chàng　kǎlā　　OK　　ma?

☐ 私は旅行するのが好きです。

ウオ　シィホワン　リューヨウ
我 喜歡 旅遊。
Wǒ　xǐhuān　lǚyóu.

☐ 私はコンピュータゲームをするのが好きです。

ウオ　シィホワン　ダー　ディエンドォン
我 喜歡 打 電動。
Wǒ　xǐhuān　dǎ　diàndòng.

☐ 私は映画を見るのが好きです。

ウオ　シィホワン　カン　ディエンインー
我 喜歡 看 電影。
Wǒ　xǐhuān　kàn　diànyǐng.

☐ どんなスポーツが好きですか？

ニー　シィホワン　シェンモ　ユンドォン
你 喜歡 什麼 運動？
Nǐ　xǐhuān　shénme　yùndòng?

PART 3　すぐに話せる！よく使う台湾華語の基本・日常表現

☐ 私はテニスをするのが好きです。

我 喜歡 打 網球。
Wǒ xǐhuān dǎ wǎngqiú.
ウオ シィホワン ダ ワンチョウ

☐ 私は野球をするのが好きです。

我 喜歡 打 棒球。
Wǒ xǐhuān dǎ bàngqiú.
ウオ シィホワン ダ バンチョウ

☐ 私はゴルフが好きです。

我 喜歡 打 高爾夫球。
Wǒ xǐhuān dǎ gāo'ěrfūqiú.
ウオ シィホワン ダ ガオアルフゥーチョウ

☐ どんな音楽が好きですか？

你 喜歡 什麼 音樂？
Nǐ xǐhuān shénme yīnyuè?
ニー シィホワン シェンモ インユエ

☐ 私はポップスが好きです。

我 喜歡 流行 音樂。
Wǒ xǐhuān liúxíng yīnyuè.
ウオ シィホワン リョウシン インユエ

PART 4
すぐに話せる！台湾旅行重要フレーズ

13課 交通機関〈タクシー〉

ショート対話

□ A: どちらまで？

ヤオ　ダオ　ナーリー
要 到 哪裡？
Yào dào nǎlǐ?

□ B: リージェントホテルまでお願いします。

チン　ダオ　ジンホアー　ファンディェン
請 到 晶華 飯店。
Qǐng dào Jīnghuá Fàndiàn.

□ A: はい（返答）

ハオ
好。
Hǎo.

関連表現・事項

◇ タクシー乗り場はどこですか？

ジィチョンチョー　チョンチョーチュ　ザァイ　ナーリー
計程車 乘車處 在 哪裡？

◇ ここへ行ってください。（行き先を書いた紙を見せながら）

チン　ダオ　ジェイ　ゴォ　ディファン
請 到 這 個 地方。

すぐに使えるフレーズ

□ ここへ行ってください。（行き先を書いた紙を見せながら）

チン　ダオ　ジョーリー
請 到 這裡。
Qǐng dào zhèlǐ.

□ リージェントホテルまでどの料金はいくらですか？

ダウ　ジンホアー　ファンディェン　ヤオ　ドゥオシァオ　チエン
到 晶華 飯店 要 多少 錢？
Dào Jīnghuá Fàndiàn yào duōshǎo qián?

□ リージェントホテルまでどのくらい時間がかかりますか？

ダウ　ジンホアー　ファンディェン　ヤオ　ドゥオジョウ
到 晶華 飯店 要 多久？
Dào Jīnghuá Fàndiàn yào duōjiǔ?

□ 運転手さん。ここで止めてください。

スージィー　　チン　ザァイ　ジョーリー　ティンチョー
司機。請 在 這裡 停車。
Sījī. Qǐng zài zhèlǐ tíngchē.

□ ちょっと待ってください。

チン　ドン　イーシア
請 等 一下。
Qǐng děng yíxià.

□ ありがとう。おつりは結構です。

シエシエ　　ブゥ　ヨン　ジャオ チエン　ラ
謝謝。不 用 找 錢 了。
Xièxie. Bú yòng zhǎoqián le.

PART 4

すぐに話せる！台湾旅行重要フレーズ

91

14課 交通機関〈バス，列車〉

ショート対話

□ A: ここに座ってもいいですか？

コォイー　ズオ　ジョーリー　マ
可以 坐 這裡 嗎？
Kěyǐ zuò zhèlǐ ma?

□ B: どうぞ。

コォイー
可以。
Kěyǐ.

□ A: 窓を開けてもいいですか？

ノン　カイ　イーシア　チョアンフゥ　マ
能 開 一下 窗戶 嗎？
Néng kāi yíxià chuānghù ma?

□ B: だめです。

ブゥ　コォイー　　ブゥ　シンー
不 可以。／不 行。
Bù kěyǐ.　　Bù xíng.

関連表現・事項

◇ 何時に出発しますか？

ジィー ディエン チューファー
幾 點 出發？
Jǐ diǎn chūfā?

◇ ～には何時に着きますか？（場所）

ジィー ディエン ダオ
幾 點 到 ～？
Jǐ diǎn dào~?

すぐに使えるフレーズ

【バスに乗る】

□ 切符売り場はどこですか？

ショウピアオコウ　ザァイ　ナーリー
售票口 在 哪裡？
Shòupiàokǒu　zài　nǎlǐ?

□ 台中まで3枚。

ダオ　タイジョォン　サンジャン
到 臺中 三張。
Dào　Táizhōng　sānzhāng.

□ 故宮博物院に行きますか？

チン　ウン　ヨウ　ダオ　グゥゴォン　ボーウーユエン　マ
請 問 有 到 故宮 博物院 嗎？
Qǐng　wèn　yǒu　dào　Gùgōng　Bówùyuàn　ma?

□ 行きます。/ 行きません。

ヨウ　　　　メイヨウ
有。 / 沒有。
Yǒu.　　Méiyǒu.

□ 圓山に行くにはどこで降りればいいですか？

ダオ　ユエンシャン　ヤオ　ザァイ　ナーリー　シアチョー　ナ
到 圓山 要 在 哪裡 下車 呢？
Dào　Yuánshān　yào　zài　nǎlǐ　xiàchē　ne?

□ 間違ったバスに乗ってしまいました。

ウオ　シャンツオ　ゴォンチョー　ラ
我 上錯 公車 了。
Wǒ　shàngcuò　gōngchē　le.

□ 着いたら教えてもらえますか？

ダオ　ラ　コォイー　ガオスゥ　ウオ　イーション　マ
到 了 可以 告訴 我 一聲 嗎？
Dào　le　kěyǐ　gàosù　wǒ　yìshēng　ma?

□ 降ります。

シアチョー
下車。
Xiàchē.

【鉄道に乗る】

□ 切符はどうやって買うのですか？

ピアオ　ゼンモ　マイ　ナ
票 怎麼 買 呢？
Piào　zěnme　mǎi　ne?

□ 台中までの運賃はいくらですか？

ダオ　タイジョォン　ダ　チョーピアオ　ドゥオシアオ　チエン
到 臺中 的 車票 多少 錢？
Dào　Táizhōng　de　chēpiào　duōshǎo　qián?

□ 時刻表を買いたいのですが。

ウオ　シアン　マイ　シージエン　ビアオ
我　想　買　時間　表。
Wǒ　xiǎng　mǎi　shíjiān　biǎo.

□ 高雄行きの切符を1枚ください。

チン　ゲイ　ウオ　イージャン　ダオ　ガオション　ダ　チョーピアオ
請　給　我　一張　到　高雄　的　車票。
Qǐng　gěi　wǒ　yìzhāng　dào　Gāoxióng　de　chēpiào.

□ 自由席2枚。

ズヨウ　シィー　リアンジャン
自由　席　兩張。
Zìyóu　xí　liǎngzhāng.

□ この電車は台北まで行きますか？

ジョー　バン　チョー　ヨウ　ダオ　タイベイ　マ
這　班　車　有　到　臺北　嗎？
Zhè　bān　chē　yǒu　dào　Táiběi　ma?

□ 次の列車はいつに出発しますか？

シア　イーバン　リエチョー　シェンモシーホウ　カイ
下　一班　列車　什麼時候　開？
Xià　yìbān　lièchē　shénmeshíhòu　kāi?

PART 4

すぐに話せる！台湾旅行重要フレーズ

☐ 何時に出発しますか？

ジィー ディエン チューファー

幾 點 出發？
Jǐ diǎn chūfā?

☐ 台南には何時に着きますか？

ジィー ディエン ダオ タイナン

幾 點 到 臺南？
Jǐ diǎn dào Táinán?

☐ 上りは何番ホームですか？

ベイシャン シー ジィ ハオ ユエタイ

北上 是 幾 號 月台？
Běishàng shì jǐ hào yuètái?

☐ 下りは何番ホームですか？

ナンシア シー ジィ ハウ ユエタイ

南下 是 幾 號 月台？
Nánxià shì jǐ hào yuètái?

☐ 窓側の席をお願いします。

ウオ シアン ヤオ カオ チュアン ダ ズオウエイ

我 想 要 靠 窗 的 座位。
Wǒ xiǎng yào kào chuāng de zuòwèi.

☐ 通路側の席をお願いします。

ウオ シアン ヤオ カオ ズオダオ ダ ズオウエイ

我 想 要 靠 走道 的 座位。
Wǒ xiǎng yào kào zǒudào de zuòwèi.

□ 乗り換えは必要ですか？

シュイヤオ　ホアンチョー　マ
需要 換車 嗎？
Xūyào　huànchē　ma?

□ どの駅で乗り換えるのですか？

ヤオ　ザァイ　ナーリー　ホアンチョー
要 在 哪裡 換車？
Yào　zào　nǎlǐ　huànchē?

□ ここは私の席です。

ジョーリー　シー　ウオ　ダ　ズオウエイ
這裡 是 我 的 座位。
Zhèlǐ　shì　wǒ　de　zuòwèi.

□ この席にはだれかがいますか？

ジョーゴォ　ズオウエイ　ヨウ　ルェン　マ
這個 座位 有 人 嗎？
Zhège　zuòwèi　yǒu　rén　ma?

□ 次の駅はどこですか？

シア　イージャン　シー　ナーリー
下 一站 是 哪裡？
Xià　yízhàn　shì　nǎlǐ?

□ 切符をなくしました。

ウオ　ダ　チョーピアオ　ディウ　ラ
我 的 車票 丟 了。
Wǒ　de　chēpiào　diū　le.

PART 4　すぐに話せる！台湾旅行重要フレーズ

15課 ホテル〈チェックイン〉

役に立つ表現

□ 田中といいます。

ウオ　ジアオ　ティエンジョォン
我 叫 田中。
Wǒ　jiào　Tiánzhōng.

□ すでに予約をしました。

ウオ　イージン　ユィユエ　ラ
我 已經 預約 了。
Wǒ　yǐjīng　yùyuē　le.

□ 部屋を予約してあります。

ウオ　イージン　ヨウ　ディンファン　ユィユエ　ラ
我 已經 有 訂房 [預約] 了。
Wǒ　yǐjīng　yǒu　dìngfáng　yùyuē　le.

関連表現・事項

【台湾語では？】

◇ ひと晩いくらですか？

ジッ　メー　グァゼェ　ジン
一 寐 若多 錢？

すぐに使えるフレーズ

☐ 泊まれますか？

コォイー　ジュ　マ
可以 住 嗎？
Kěyǐ　zhù　ma?

☐ 部屋は空いていますか？

ヨウ　コォン　ファンジエン　マ
有 空 房間 嗎？
Yǒu　kòng　fángjiān　ma?

☐ シングルルームはありますか？

ヨウ　ダンルェンファン　マ
有 單人房 嗎？
Yǒu　dānrénfáng　ma?

☐ ひと晩いくらですか？

イーワン　ドゥオシァオ　チエン
一晚 多少 錢？
Yìwǎn　duōshǎo　qián?

☐ チェックインをお願いします。

ウオ　ヤオ　バン　ジュスゥ　ショウシュイ
我 要 辦 住宿 手續。
Wǒ　yào　bàn　zhùsù　shǒuxù.

PART 4

すぐに話せる！台湾旅行重要フレーズ

□ 部屋の鍵をください。

チン　ゲイ　ウオ　ファンジエン　ダ　ヤオシ
請 給 我 房間 的 鑰匙。
Qǐng gěi wǒ fángjiān de yàoshi.

□ 貴重品を預かってもらえますか？

ノン　チーファン　グェイジョォン　ウーピン　マ
能 寄放 貴重 物品 嗎？
Néng jìfàng guìzhòng wùpǐn ma?

□ 荷物を運んでくださいませんか？

ニー　ノン　バン　ウオ　バン　シンリー　マ
你 能 幫 我 搬 行李 嗎？
Nǐ néng bāng wǒ bān xínglǐ ma?

□ クレジットカードで支払えますか？

コォイー　ショアカー　マ
可以 刷卡 嗎？
Kěyǐ shuākǎ ma?

□ エレベータはどこですか？

ディエンティー ザァイ　ナーリー
電梯 在 哪裡？
Diàntī zài nǎlǐ?

【質問する】

☐ 朝食はどこで食べられますか？

<ruby>早<rt>ザオツァン</rt></ruby><ruby>餐</ruby> <ruby>在<rt>ザァイ</rt></ruby> <ruby>哪裡<rt>ナーリー</rt></ruby> <ruby>吃<rt>チー</rt></ruby>？
Zǎocān　zài　nǎlǐ　chī?

☐ （朝食は）何時から食べられますか？

（<ruby>早餐<rt>ザオツァン</rt></ruby>） <ruby>幾<rt>ジィー</rt></ruby> <ruby>點<rt>ディエン</rt></ruby> <ruby>開始<rt>カイシー</rt></ruby>？
Zǎocān　jǐ　diǎn　kāishǐ?

☐ ホテルの絵はがきはありますか？

<ruby>有<rt>ヨウ</rt></ruby> <ruby>沒有<rt>メイヨウ</rt></ruby> <ruby>飯店<rt>ファンデイエン</rt></ruby> <ruby>的<rt>ダ</rt></ruby> <ruby>風景<rt>フォンジン</rt></ruby> <ruby>明信片<rt>ミンシンピエン</rt></ruby>？
Yǒu　méiyǒu　fàndiàn　de　fēngjǐng　míngxìnpiàn?

☐ 日本語の話せる人はいますか？

<ruby>有<rt>ヨウ</rt></ruby> <ruby>會<rt>ホェイ</rt></ruby> <ruby>講<rt>ジアン</rt></ruby> <ruby>日文<rt>ルィウエン</rt></ruby> <ruby>的<rt>ダ</rt></ruby> <ruby>人<rt>ルェン</rt></ruby> <ruby>嗎<rt>マ</rt></ruby>？
Yǒu　huì　jiǎng　Rìwén　de　rén　ma?

☐ インターネットは使えますか？

<ruby>能<rt>ノン</rt></ruby> <ruby>使用<rt>シーヨン</rt></ruby> <ruby>網路<rt>ワンルゥ</rt></ruby> <ruby>嗎<rt>マ</rt></ruby>？
Néng　shǐyòng　wǎnglù　ma?

PART 4 すぐに話せる！台湾旅行重要フレーズ

16課 ホテル〈ルームサービス〉

役に立つ表現

□ もしもし。312号です。ルームサービスをお願いします。

ウエイ ウオ シー サンイーアル ハオ ファンジエン
喂。我是三一二號房間。
Wéi. Wǒ shì sānyī'èr hào fángjiān.

チン ジエ コォファン フゥウー
請接客房服務。
Qǐng jiē kèfáng fúwù.

□ クリーニングをお願いします。

ウオ ヨウ フゥウー ヤオ シィー
我有衣服要洗。
Wǒ yǒu yīfú yào xǐ.

□ できるだけ早くお願いします。

チン ジンリアン クアイ イーディエン
請盡量快一點。
Qǐng jìnliàng kuài yìdiǎn.

関連表現・事項

□ 明日7時にモーニングコールをお願いします。

ミンティエン ザァオシャン チィーディエン チン ジアオ ウオ チィチョアン
明天早上七點請叫我起床。
Míngtiān zǎoshàng qīdiǎn qǐng jiào wǒ qǐchuáng.

すぐに使えるフレーズ

□ どのくらい待ちますか？

ヤオ　ドン　ドゥオジョウ
要 等 多久？
Yào děng duōjiǔ?

□ どちらさまですか？

シー　ナー　ウエイ
是 哪 位？
Shì nǎ wèi?

□ ちょっとお待ちください。

チン　ドン　イーシア
請 等 一下。
Qǐng děng yíxià.

□ 明日7時にモーニングコールをお願いできますか？。

コォイー ミンティエン ザァオシャン チーディエン ジアオ ウオ チィチョアン マ
可以 明天 早上 七點 叫 我 起床 嗎？
Kěyǐ míngtiān zǎoshàng qīdiǎn jiào wǒ qǐchuáng ma?

□ 毛布をもう1枚ください。

チン　ザァイ　ゲイ　ウオ　イーティアオ　マオタン
請 再 給 我 一條 毛毯。
Qǐng zài gěi wǒ yìtiáo máotǎn.

PART 4

すぐに話せる！台湾旅行重要フレーズ

17課 ホテル〈苦情〉

役に立つ表現

□ 部屋が掃除されていません。

房間 沒有 打掃。
Fángjiān méiyǒu dǎsǎo.
（ファンジエン メイヨウ ダーサオ）

□ エアコンが壊れています。

空調 壞 了。
Kōngtiáo huài le.
（コンティアオ ホアイ ラ）

□ すぐに修理してください。

請 快點 修好。
Qǐng kuàidiǎn xiūhǎo.
（チン クアイディエン ショウハオ）

関連表現・事項

■ "這個～ 壞了。"（この～が壊れています）のパターン

◇ 這個 冰箱 壞 了。（この冷蔵庫が壊れています）
　（ジェイゴォ ビインシアン ホアイ ラ）

◇ 這個 電話 壞 了。（この電話が壊れています）
　（ジェイゴォ ディエンホア ホアイ ラ）

◇ 這個 電視 壞 了。（このテレビが壊れています）
　（ジェイゴォ ディエンシー ホアイ ラ）

すぐに使えるフレーズ

☐ トイレの水が流れません。

シィーショウジエン ダ マートォン ドウサイ ラ
洗手間 的 馬桶 堵塞 了。
Xǐshǒujiān de mǎtǒng dǔsāi le.

☐ トイレットペーパーがありません。

メイヨウ ウエイションジー
沒有 衛生紙。
Méiyǒu wèishēngzhǐ.

☐ お湯が出ません。

メイヨウ ルォシェイ
沒有 熱水。
Méiyǒu rèshuǐ.

☐ 水が出ません。

メイヨウ シェイ
沒有 水。
Méiyǒu shuǐ.

☐ 隣の部屋がうるさいです。

ゴォビー ダ ファンジエン タイ チャオ ラ
隔壁 的 房間 太 吵 了。
Gébì de fángjiān tài chǎo le.

☐ 部屋を変えてほしいのですが。

チン ゲイ ウォ ホアン イーシア ファンジエン
請 給 我 換 一下 房間。
Qǐng gěi wǒ huàn yíxià fángjiān.

PART 4

すぐに話せる！台湾旅行重要フレーズ

18課 ホテル〈チェックアウト〉

役に立つ表現

□ チェックアウトします。

ウオ　ヤオ　トェイファン
我 要 退房。
Wǒ　yào　tuìfáng.

□ お勘定をお願いします。

チン　ジエージャン
請 結帳。
Qǐng　jiézhàng.

□ サービス料は含まれていますか？

バオグオ　フゥーウー　フェイ　マ
包括 服務 費 嗎？
Bāokuò　fúwù　fèi　ma?

■ 関連表現をチェック！

「このクレジットカードで支払えますか？」

ノン　ヨン　ジェイ　ゴォ　シンヨン　カー　マ
能 用 這 個 信用 卡 嗎？
Néng　yòng　zhèi　ge　xìnyòng　kǎ　ma?

関連表現・事項

すぐに使えるフレーズ

☐ 荷物を預かってほしいのですが。

ウオ　シアン　ジィファン　シンリー
我 想 寄放 行李。
Wǒ　xiǎng　jìfàng　xínglǐ.

☐ タクシーを呼んでください。

チン　バン　ウオ　ジアオ　イーシア　ジーチョンチョー
請 幫 我 叫 一下 計程車。
Qǐng　bāng　wǒ　jiào　yíxià　jìchéngchē.

☐ もう1泊したいのですが。

ウオ　シアン　ザァイ　ジュ　イーワン
我 想 再 住 一晩。
Wǒ　xiǎng　zài　zhù　yìwǎn.

☐ 1日早くたちたいのですが。

ウオ　シアン　ザァオ　イーティエン　チューファー
我 想 早 一天 出發。
Wǒ　xiǎng　zǎo　yìtiān　chūfā.

☐ 部屋にカギを置き忘れました。

ウオ　バ　ヤオシ　ワンザァイ　ファンジエン　リー　ラ
我 把 鑰匙 忘在 房間 裡 了。
Wǒ　bǎ　yàoshi　wàngzài　fángjiān　lǐ　le.

PART 4 すぐに話せる！台湾旅行重要フレーズ

19課 食事する

役に立つ表現

□ A: ご予約はございますか？

ニン ヨウ メイヨウ ユィユエ
您 有 沒有 預約？
Nín yǒu méiyǒu yùyuē?

□ B: はい。中村といいます。

ヨウ ウオ ジアオ ジョォンツゥン
有。我 叫 中村。
Yǒu. Wǒ jiào Zhōngcūn.

□ A: いらっしゃいませ。何名様ですか？

ホアンイン グアンリン イーゴォン ジィウエイ
歡迎 光臨。 一共 幾位？
Huānyíng guānglín. Yígòng jǐwèi?

□ B: 3人です。席はありますか？

サンゴォルェン ヨウ コォンウエイ マ
三個人。 有 空位 嗎？
Sāngerén. Yǒu kòngwèi ma?

関連表現・事項

【台湾語では？】

「おいしいです」
ホーチャ
好食！

「乾杯！」
ガンボェ
乾杯！

すぐに使えるフレーズ

☐ 予約を変更したいのですが。

ウオ シアン ヤオ ゴンガイ ユイユエ
我 想 要 更改 預約。
Wǒ xiǎng yào gēnggǎi yùyuē.

☐ また来ます。

ウオ シアツー ザァイ ライ
我 下次 再 來。
Wǒ xiàcì zài lái.

☐ 窓際のテーブルをお願いします。

ウオ シアン ヤオ カオ チョアン ダ ズオウエイ
我 想 要 靠 窗 的 座位。
Wǒ xiǎng yào kào chuāng de zuòwèi.

☐ 禁煙席をお願いします。

ウオ シアン ヤオ ジンイエン シィー
我 想 要 禁煙 席。
Wǒ xiǎng yào jìnyān xí.

【注文する──食べ物】

☐ ご注文をおうかがいしましょうか？

ニン ヤオ ティエン シェンモ
您 要 點 什麼？
Nín yào diǎn shénme?

□ メニューを見せてください。

チン ゲイ ウオ カンカン ツァイダン
請 給 我 看看 菜單。
Qǐng gěi wǒ kànkan càidān.

□ おすすめ料理はなんですか？

ヨウ シェンモ トェイジエン ダ ツァイ マ
有 什麼 推薦 的 菜 嗎？
Yǒu shénme tuījiàn de cài ma?

□ この料理は何ですか？

ジョー シー シェンモ ツァイ
這 是 什麼 菜？
Zhè shì shénme cài?

□ 注文したいのですが。

ウオ シャン ディエン ツァイ
我 想 點 菜。
Wǒ xiǎng diǎn cài.

□ これをください。

ウオ シアン ヤオ ジェイ ゴォ
我 想 要 這 個。
Wǒ xiǎng yào zhèi ge.

☐ 私はベジタリアンです。

ウオ　チースゥ
我 吃素。
Wǒ　chīsù.

☐ 2人前ください。

ライ　リアン　フェン
來 兩 份。
Lái　liǎng　fèn.

☐ 小籠包を2人前ください。

ゲイ　ウオ　リアン　フェン　シアオロンバオ
給 我 兩 份 小籠包。
Gěi　wǒ　liǎng　fèn　xiǎolóngbāo.

☐ これはどうやって食べるのですか？

ジェイ　ゴォ　ツァイ　ゼンモ　チー
這 個 菜 怎麼 吃？
Zhèi　ge　cài　zěnme　chī?

☐ あまり辛くしないでください。

ブゥ　ヤオ　タイ　ラー
不 要 太 辣。
Bú　yào　tài　là.

□ 辛いのが苦手です。

ウオ　ブゥ　ガン　チー　ラー　ダ
我 不 敢 吃 辣 的。
Wǒ　bù　gǎn　chī　là　de.

□ トイレはどこですか？

シィーショウジエン　ザァイ　ナーリー
洗手間 在 哪裡？
Xǐshǒujiān　zài　nǎlǐ?

□ 注文した料理がまだ来ていません。

ウオ　ディエン　ダ　ツァイ　ハイ　メイヨウ　ライ
我 點 的 菜 還 沒有 來。
Wǒ　diǎn　de　cài　hái　méiyǒu　lái.

□ 早くしてください。

チン　クアイ ディエン
請 快 點。
Qǐng　kuài　diǎn.

□ これは頼んでいません。

ウオ　メイヨウ　ディエンジェイ　ゴォ ツァイ
我 沒有 點 這 個 菜。
Wǒ　méiyǒu　diǎn　zhèi　ge　cài.

□ お箸を1膳ください。

チン　ゲイ　ウオ　イーショアン　クアイズ

請 給 我 一 雙 筷子。
Qǐng gěi wǒ yìshuāng kuàizi.

□ ストローはありますか？

ヨウ　メイヨウ　シィーグアン

有 沒有 吸管？
Yǒu méiyǒu xīguǎn?

□ スプーンを落としてしまいました。

ウオ　ダ　タンチー　ディアオダオ　ディシャン　ラ

我 的 湯匙 掉到 地上 了。
Wǒ de tāngchí diàodào dìshàng le.

□ 取り替えてください。

チン　ホアン　イーゴォ

請 換 一個。
Qǐng huàn yíge.

□ スプーンはありますか？

ヨウ　タンチー　マ

有 湯匙 嗎？
Yǒu tāngchí ma?

【注文する──飲み物】

□ どんな飲み物がありますか？

ヨウ　シェンモ　インリアオ
有 什麼 飲料？
Yǒu shénme yǐnliào?

□ 老酒を１本ください。

ウオ　シアン　ヤオ　イーピン　ラオジョウ
我 想 要 一瓶 老酒。
Wǒ xiǎng yào yìpíng lǎojiǔ.

□ ビールを２本ください。

チン　ゲイ　ウオ　リアンピン　ピージョウ
請 給 我 兩瓶 啤酒。
Qǐng gěi wǒ liǎngpíng píjiǔ.

□ 台湾ビールを１本ください。

チン　ゲイ　ウオ　イーピン　タイワン　ピージョウ
請 給 我 一瓶 臺灣 啤酒。
Qǐng gěi wǒ yìpíng Táiwān píjiǔ.

□ まず先にビールをください。

チン　シエン　ライ　ピージョウ
請 先 來 啤酒。
Qǐng xiān lái píjiǔ.

【テーブルで】

□ あなたは紹興酒が好きですか？

ニー　シィホワン　シァオシンジョウ　マ

你 喜歡 紹興酒 嗎？
Nǐ　xǐhuān　Shàoxīngjiǔ　ma?

□ 乾杯！

ガンベイ

乾杯！
Gānbēi!

□ 好きな食べ物は何ですか？

ニー　シィホワン　チー　シェンモ

你 喜歡 吃 什麼？
Nǐ　xǐhuān　chī　shénme?

□（食べて）おいしい。

ハオチー

好吃。
Hǎochī.

□ まあまあおいしい。

ハイ　ブゥ　ツオ

還 不 錯。
Hái　bú　cuò.

PART 4

すぐに話せる！台湾旅行重要フレーズ

□ おいしくない。

ブゥ　ハオチー
不 好吃。
Bù　hǎochī.

□ もっと食べてください。

ドゥオ　チー　イーディエン
多 吃 一點。
Duō　chī　yìdiǎn.

□ おなかいっぱいです。

ハオ　バオ
好 飽。
Hǎo　bǎo.

【支払い】

□ 会計をお願いします。

チン　ジエージャン
請 結帳。
Qǐng　jiézhàng.

□ おつりがまちがっています。

ニー　ジャオツオ　チエン　ラ
你 找錯 錢 了。
Nǐ　zhǎocuò　qián　le.

□ 領収書をください。

チン　ゲイ　ウオ　ファーピアオ
請 給 我 發票。
Qǐng gěi wǒ fāpiào.

【茶芸館で】

□ 茶芸館に行ってみたいです。

ウオ　シアン　チュイ　チャーイー　グアン
我 想 去 茶藝 館。
Wǒ xiǎng qù cháyì guǎn.

□ お茶の入れ方を教えてください。

チン　ジアオ　ウオ　パオ　チャー
請 教 我 泡 茶。
Qǐng jiāo wǒ pào chá.

20課 屋台

ショート対話

□ A: これは何ですか？

ジョー シー シェンモ
這 是 什麼？
Zhè shì shénme?

□ B: これはパイクーファン（豚肉の唐揚げご飯）です。

ジョー シー パイグゥファン
這 是 排骨飯。
Zhè shì páigǔfàn.

□ A: 2つください。

ライ リアンワン
來 兩碗。
Lái liǎngwǎn.

関連表現・事項

■台湾みやげの定番

「パイナップルケーキ」
フォンリースゥー
鳳梨酥
fènglísū

「ウーロン茶」
ウーロォンチャー
烏龍茶
wūlóngchá

すぐに使えるフレーズ

☐ ここに座ってもいいですか？

コォーイー　ズオ　ジョーリー　マ
可以 坐 這裡 嗎？
Kěyǐ　zuò　zhèlǐ　ma?

☐ これをください。

ウオ　シアン　ヤオ　ジェイ　ゴォ
我 想 要 這 個。
Wǒ　xiǎng　yào　zhèi　ge.

☐ とてもおいしい。

フェイチャン　ハオチー
非常 好吃。
Fēicháng　hǎochī.

☐ もう1皿ください。

ザァイ　ライ　イーパン
再 來 一 盤。
Zài　lái　yìpán.

☐ もう1杯ください。

ザァイ　ライ　イーベイ
再 來 一 杯。
Zài　lái　yìbēi.

☐ これを持ち帰ることはできますか？

ジェイ　ゴォ　コォーイー　ワイダイ　マ
這 個 可以 外帶 嗎？
Zhèi　ge　kěyǐ　wàidài　ma?

PART 4 すぐに話せる！台湾旅行重要フレーズ

21課 ファストフード店・喫茶店

ショート対話

【ファストフード店】

□ A: 店内で召し上がりますか？（持ち帰りですか？）

ネイヨン　ハイシー　ワイダイ

內用 還是 外帶？
Nèiyòng　háishì　wàidài?

□ B: ここで食べます。

ジョーリー　ヨン

這裡 用。
Zhèlǐ　yòng.

□ B: 持ち帰ります（テイクアウトです）。

ウオ　シアン　ワイダイ

我 想 外帶。
Wǒ　xiǎng　wàidài.

関連表現・事項

■ 関連表現をチェック！

「コーラのMサイズをください」

ゲイ　ウオ　ジョンベイ　コォラー

給 我 中杯 可樂。
Gěi　wǒ　zhōngbēi　kělè.

Lサイズ　ダーベイ　大杯 dàbēi　／　Sサイズ　シァオベイ　小杯 xiǎobēi

すぐに使えるフレーズ

【喫茶店】

☐ コーヒーを1杯ください。

ウオ　シアン　ヤオ　イーベイ　カーフェイ
我 想 要 一杯 咖啡。
Wǒ xiǎng yào yìbēi kāfēi.

☐ 砂糖はいりません。

ブゥ　ヤオ　タンー
不 要 糖。
Bú yào táng.

☐ モーニングセットはありますか？

ヨウ　ザァオツァン　マ
有 早餐 嗎？
Yǒu zǎocān ma?

☐ このジャスミン茶をください。

ウオ　シアン　ヤオ　ジェイ　ゴォ　ホアーチャー
我 想 要 這 個 花茶。
Wǒ xiǎng yào zhèi ge huāchá.

☐ これは何のお茶ですか？

ジョー　シー　シェンモ　チャー
這 是 什麼 茶？
Zhè shì shénme chá?

22課 ショッピング〈品物を探す〉

ショート対話

□ A: いらっしゃいませ。

ホアンイン　グアンリン
歡迎 光臨。
Huānyíng guānglín.

□ B: 台湾特産のものがありますか？

ヨウ　タイワン　トーチャン　ダ　ドォンシィー　マ
有 臺灣 特產 的 東西 嗎？
Yǒu Táiwān tèchǎn de dōngxī ma?

□ B: カバンを見たいのですが。

ウオ　シアン　カン　ピーバオ
我 想 看 皮包。
Wǒ xiǎng kàn píbāo.

□ B: ただ見ているだけです。

ウオ　ジー　シー　カンカン
我 只 是 看看。
Wǒ zhǐ shì kànkan.

関連表現・事項

【台湾語では？】

「いらっしゃいませ」

ランケイ　ライ　ゼー
人客 來 坐。

すぐに使えるフレーズ

☐ これと同じものはありますか？

ヨウ　ゲン　ジェイ　ゴォ　イーヤン　ダ　マ

有 跟 這 個 一 樣 的 嗎？
Yǒu gēn zhèi ge yíyàng de ma?

☐ みやげ店はどこですか？

リーピン　ティエンザァイ　ナーリー

禮品 店 在 哪裡？
Lǐpǐn diàn zài nǎlǐ?

☐ カバンはどこに売っていますか？

ナーリー　ヨウ　マイ　ピーバオ

哪裡 有 賣 皮包？
Nǎlǐ yǒu mài píbāo?

☐ ワイシャツがほしいのですが。

ウオ　シアン　ヤオ　チェンシャン

我 想 要 襯衫。
Wǒ xiǎng yào chènshān.

☐ すみません。（店員を呼ぶとき）

シアオジエー

小姐。（女性）
Xiǎojiě.

シェンション

先生。（男性）
Xiānshēng.

PART 4

すぐに話せる！台湾旅行重要フレーズ

□ あれを見せてください。

チン　ルァン　ウオ　カン　イーシヤ　ネイ　ゴォ
請　讓　我　看　一下　那　個。
Qǐng ràng wǒ kàn yíxià nèi ge.

□ 靴は置いていますか？

ヨウ　シエーズ　マ
有　鞋子　嗎？
Yǒu xiézi ma?

□ ここにはありません。

ジョーリー　メイヨウ
這裡　沒有。
Zhèlǐ méiyǒu.

□ これは漢方薬ですか？

ジョー　シー　ジョォンヤオ　マ
這　是　中藥　嗎？
Zhè shì zhōngyào ma?

□ 硯（すずり）はありますか？

ヨウ　イエンタイ　マ
有　硯台　嗎？
Yǒu yàntái ma?

□ テレサテンのCDはありますか？

ヨウ　ドン　リージュン　　ダシィーディー　マ

有 鄧 麗君 的 CD 嗎？
Yǒu　Dèng　Lìjūn　de　CD　ma?

□ その宝石をちょっと見てもいいですか？

ノン　カンカン　ネイ　ゴォ　バオシー　マ

能 看看 那 個 寶石 嗎？
Néng　kànkan　nèi　ge　bǎoshí　ma?

□ これはどのように使うのですか？

ジェイ　ゴォ　ゼンモ　ヨン

這 個 怎麼 用？
Zhèi　ge　zěnme　yòng?

□ ここがちょっと汚れています。

ジェイ　ゴォ　ディーファン　ヨウディエン　ザン

這 個 地方 有點 髒。
Zhèi　ge　dìfāng　yǒudiǎn　zāng.

PART 4

すぐに話せる！台湾旅行重要フレーズ

23課 ショッピング〈試してみる〉

ショート対話

□A: 試着してもいいですか？

コォイー　シー　チョアン　イーシヤ　マ
可以 試 穿 一下 嗎？
Kěyǐ　shì　chuān　yíxià　ma?

□B: いいです。

コォイー
可以。
Kěyǐ.

□A: 手にとってもいいですか？

コォイー　ナーチィライ　カン　マ
可以 拿起來 看 嗎？
Kěyǐ　náqǐlái　kàn　ma?

□B: だめです。

ブゥ　コォイー
不 可以。
Bù　kěyǐ.

関連表現・事項

【台湾語では？】

「飲んでみてもいいですか？」

ガム　エサイ　チー　リム
敢 會使 試 飲？

すぐに使えるフレーズ

☐ これを見たいのですが。

ウオ シアン カン ジェイ ゴォ

我 想 看 這 個。
Wǒ xiǎng kàn zhèi ge.

☐ 飲んでみてもいいですか？（試飲できますか？）

コォイー シー ホー マ

可以 試 喝 嗎？
Kěyǐ shì hē ma?

☐ はめてみてもいいですか？

コォイー ダイダイ カン マ

可以 戴戴 看 嗎？
Kěyǐ dàidai kàn ma?

☐ 似合いますか？

ホーシー マ

合適 嗎？
Héshì ma?

☐ サイズが合いません。

チーツゥン ブゥ ホー

尺寸 不 合。
Chǐcùn bù hé.

PART 4

すぐに話せる！台湾旅行重要フレーズ

□ ピッタリです！

ガンガン　ハオ
剛剛 好。
Gānggāng　hǎo.

□ ちょっと大きいです。

ヨウディエン　ダー
有點 大。
Yǒudiǎn　dà.

□ ちょっときついです。

ヨウディエン　ジン
有點 緊。
Yǒudiǎn　jǐn.

□ ちょっとゆるいです。

ヨウディエン　ソォン
有點 鬆。
Yǒudiǎn　sōng.

□ ちょっと派手です。

ヨウディエン　ホア
有點 花。
Yǒudiǎn　huā.

□ ちょっと地味です。

ヨウディエン スゥ
有點 素。
Yǒudiǎn sù.

□ 別の色はありませんか？

ヨウ メイヨウ ビエーダ イェンソォ
有 沒有 別的 顏色？
Yǒu méiyǒu biéde yánsè?

□ ほかのブランドはありますか？

ヨウ ビエーダ パイズ マ
有 別的 牌子 嗎？
Yǒu biéde páizi ma?

□ この口紅をください。

チン ゲイ ウオ ジェイ ゴォ コウホゥン
請 給 我 這 個 口紅。
Qǐng gěi wǒ zhèi ge kǒuhóng.

PART 4

すぐに話せる！台湾旅行重要フレーズ

24課 ショッピング〈値段交渉と支払い〉

ショート対話

□ A: いくらですか？

ドゥオ シァオ チエン
多少　錢？
Duōshǎo　qián?

□ B: 500元です。

ウーバイクアイ
五百塊。
Wǔbǎikuài.

□ A: 高すぎます。

タイ　グェイ　ラ
太 貴 了。
Tài　guì　le.
　太……了（あまりにも……すぎる）

関連表現・事項

【台湾語では？】

「これに決めました」

グァ　グァッディン　ベ　ジッ　エ　ア
我 決定 要 此 個 啊。

すぐに使えるフレーズ

☐ 全部でいくらですか？

イーゴォン　ドゥオシァオ　チエン
一共 多少 錢？
Yígòng　duōshǎo　qián?

☐ 6元です。

リョウクアイ
六塊。
Liùkuài.

☐ 少し安くしてくれます。

チン　スワン　ピエンイー　イーディエン
請 算 便宜 一點。
Qǐng　suàn　piányí　yìdiǎn.

↳ 一點の"一"を省略することができます。

☐ 5つ買うからまけてください。

ウオ　マイ　ウーゴォ　　チン　スワン　ピエンイー　ディエン
我 買 五個。 請 算 便宜 點。
Wǒ　mǎi　wǔge.　Qǐng　suàn　piányí　diǎn.

↳ 一點の"一"を省略しています。

☐ 5元でどうですか？

ウークアイチエン　　ゼンモヤン
五塊錢 怎麼樣？
Wǔkuàiqián　zěnmeyàng?

□ これをください。

チン　ゲイ　ウオ　ジェイ　ゴォ
請 給 我 這 個。
Qǐng gěi wǒ zhèi ge.

□ これを買いたいのですが。

ウオ　シアン　マイ　ジェイ　ゴォ
我 想 買 這 個。
Wǒ xiǎng mǎi zhèi ge.

□ これに決めました。

ウオ　ジュエディン　ヤオ　ジェイ　ゴォ　ラ
我 決 定 要 這 個 了。
Wǒ juédìng yào zhèi ge le.

□ レジはどこですか？

ショウイン　タイ　ザァイ　ナーリー
收 銀 台 在 哪 裡？
Shōuyán tái zài nǎlǐ?

□ トラベラーズチェックで支払えますか？

コォイー　ヨン　リュシン　ジーピアオ　フー　マ
可 以 用 旅 行 支 票 付 嗎？
Kěyǐ yòng lǚxíng zhīpiào fù ma?

132

□ このカードは使えますか？

ジェイ ゴォ シンヨン カー コォイー ヨン マ
這 個 信用 卡 可以 用 嗎？
Zhèi ge xìnyòng kǎ kěyǐ yòng ma?

□ おつりがまちがっています。

ジャオ ダ チエン ツオ ラ
找 的 錢 錯 了。
Zhǎo de qián cuò le.

□ もう一度計算してください。

チン ザァイ スワン イーツー
請 再 算 一次。
Qǐng zài suàn yícì.

□ 領収書がほしいのですが。

ウオ シアン ヤオ ショウジュ
我 想 要 收據 。
Wǒ xiǎng yào shōujù.

↳ 公用の領収書は"發票"

□ これは汚れがあります。

ジェイ ゴォ ザン ラ
這 個 髒 了。
Zhèi ge zāng le.

PART 4

すぐに話せる！台湾旅行重要フレーズ

133

□ 取り換えてください。

チン　ゲイ　ウオ　ホアン　イーシヤ
請 給 我 換 一下。
Qǐng gěi wǒ huàn yíxià.

【包装・返品】

□ 袋はいりますか？

ヤオ　ダイズ　マ
要 袋子 嗎?
Yào dàizi ma?

□ 買い物袋がほしいのですが。

ウオ　シアン　ヤオ　ゴウウー　ダイ
我 想 要 購物 袋。
Wǒ xiǎng yào gòuwù dài.

□ 別々に包んでください。

チン　フェンカイ　バオ
請 分開 包。
Qǐng fēnkāi bāo.

☐ これを贈り物用に包んでください。

チン　ニン　ヨン　リーピン　ジー　バオ
請　您　用　禮品　紙　包。
Qǐng　nín　yòng　lǐpǐn　zhǐ　bāo.

☐ これを日本へ送りたいのですが。

ウオ　シアン　バー　ジェイ　ゴォ　ジィダオ　ルィベン
我　想　把　這　個　寄到　日本。
Wǒ　xiǎng　bǎ　zhèi　ge　jìdào　Rìběn.

☐ 返品したいのですが。

ウオ　シアン　トェイ　ジェイ　ゴォ　シャンピン
我　想　退　這　個　商品。
Wǒ　xiǎng　tuì　zhèi　ge　shāngpǐn.

☐ ご来店ありがとうございました。

シエシエ　グアンリン
謝謝　光臨。
Xièxie　guānglín.

PART 4

すぐに話せる！台湾旅行重要フレーズ

25課 道をたずねる

ショート対話

□ A: ここから遠いですか？

リー ジョーリー ユアン マ
離 這裡 遠 嗎？
Lí zhèlǐ yuǎn ma?

□ B: ちょっと遠いですね。

ヨウディエン ユアン
有點 遠。
Yǒudiǎn yuǎn.

□ A: 書いてください。

チン シエー イーシア
請 寫 一下。
Qǐng xiě yíxià.

関連表現・事項

◆ 道をたずねるときなど。

「すみません」「ちょっとおたずねします」

チンウエン イーシア
請問 (一下)。
Qǐngwèn yíxià.

英語の Excuse me. に相当します。

すぐに使えるフレーズ

☐ この住所に行きたいのですが。

ウオ　シアン　ヤオ　チュイ　ジョーリー

我 想 要 去 這裡。
Wǒ　xiǎng　yào　qù　zhèlǐ.

☐ ちょっとおたずねします。

チンウエン　　イーシア

請問 一下。
Qǐngwèn　　yíxià.

☐ ここは何通りですか？

ジョー　シー　シェンモ　ルゥ

這 是 什麼 路？
Zhè　shì　shénme　lù?

☐ 道を教えてほしいのですが。

ウオ　シアン ウエン　イーシア　ルゥ

我 想 問 一下 路。
Wǒ　xiǎng　wèn　yíxià　lù.

☐ ちょっと待ってください。

ドン　イーシア

等 一下。
Děng　yíxià.

□ この地図でどこですか？

ザァイ ディトゥー ダ ナーリー
在 地圖 的 哪裡？
Zài dìtú de nǎlǐ?

□ ここから遠いですか？

リー ジョーリー ユアン マ
離 這裡 遠 嗎？
Lí zhèlǐ yuǎn ma?

□ 何か目印はありますか？

ヨウ シェンモ ビアオジー マ
有 什麼 標誌 嗎？
Yǒu shénme biāozhì ma?

□ ここから歩いて行けますか？

ツォン ジョーリー ヨン ゾウ ノン ダオ マ
從 這裡 用 走 能 到 嗎？
Cóng zhèlǐ yòng zǒu néng dào ma?

□ 歩いてどのくらいですか？

ヤオ ゾウ ドゥオジョウ
要 走 多久？
Yào zǒu duōjiǔ?

□ だいたい10分くらいです。

ダーユエ　　　ヤオゾォウ　　シーフェンジョォン
大約（要走）十分鐘。
Dàyuē　　　yàozǒu　　　shífēnzhōng.

□ 道に迷いました。

ウオ　　ミールゥ　　ラ
我 迷路 了。
Wǒ　　mílù　　le.

□ すみません。ここはどこですか？

チンウエン　　　ジョーリー　シー　　ナーリー
請問。這裡 是 哪裡？
Qǐngwèn.　　Zhèlǐ　　shì　　nǎlǐ?

□ すみません。どちらが北ですか？

チンウエン　　　ナービエン　シー　　ベイビエン
請問。哪邊 是 北邊？
Qǐngwèn.　　Nǎbiān　　shì　　běibiān?

□ 地図で教えてください。

チン　　ヨン　　ディトゥー　ゲン　　ウオ　シュオ
請用 地圖 跟 我 說。
Qǐng　yòng　　dìtú　　gēn　　wǒ　shuō.

PART 4

すぐに話せる！台湾旅行重要フレーズ

26課 観光する

役に立つ表現

□ ガイドブックはありますか？

有 旅遊 指南 嗎？
Yǒu lǚyóu zhǐnán ma?
（ヨウ リュヨウ ジナン マ）

□ 観光案内所はどこですか？

旅遊 服務 中心 在 哪裡？
Lǚyóu fúwù zhōngxīn zài nǎlǐ?
（リューヨウ フゥーウー ジョォンシン ザァイ ナーリー）

□ 観光ツアーはありますか？

有 團體 旅遊 嗎？
Yǒu tuántǐ lǚyóu ma?
（ヨウ トアンティー リュヨウ マ）

関連表現・事項

【台湾語では？】

どうしたらいいのかわからなくなってしまったときの「どうしよう？」は，台湾華語では"怎麼 辦？"［ゼンモ バン］。

台湾語では，次のようにいいます。

要按怎？（どうしよう？）
（ベエ アンズァン）

すぐに使えるフレーズ

□ 地図をください。

チン　ゲイ　ウオ　ディトゥー
請 給 我 地圖。
Qǐng gěi wǒ dìtú.

□ すみません。孔子廟はどこですか？

チンウェン　　コォンミアオ　ザァイ　ナーリー
請問。 孔廟 在 哪裡？
Qǐngwèn Kǒngmiào zài nǎlǐ?

□ ここをまっすぐです。

イージー　ワンチエン　ゾォウ
一直 往前 走。
Yìzhí wǎngqián zǒu.

□ 市内観光バスはありますか？

ヨウ　シーネイ　ヨウラン　チョー　マ
有 市內 遊覽 車 嗎？
Yǒu shìnèi yóulǎn chē ma?

□ どのバスで行けますか？

ツオ　ジイハオ　ダ　コォンチョー
坐 幾號 的 公車？
Zuò jǐhào de gōngchē?

PART 4

すぐに話せる！台湾旅行重要フレーズ

【美術館・博物館】

□ 台北美術館に行きたいのですが。

ウオ　シアン　チュイ　タイベイ　　メイシュグアン
我 想 去 臺北 美術館。
Wǒ xiǎng qù Táiběi Měishùguǎn.

□ 展示物のカタログはありますか？

ヨウ　ジャンシー　ピン　ダ　　ムゥルゥ　　マ
有 展示 品 的 目錄 嗎？
Yǒu zhǎnshì pǐn de mùlù ma?

□ この博物館のパンフレットはありますか？

ヨウ　ジェイ　ゴォ　ボーウーグアン　ダ　ジエンジエ　マ
有 這 個 博物館 的 簡介 嗎？
Yǒu zhèi ge bówùguǎn de jiǎnjiè ma?

□ 入場券はいくらですか？

メンピアオ　ドゥオシァオ　チエン
門票 多少 錢？
Ménpiào duōshǎo qián?

□ 1人100元です。

イーゴォ　ルエン　イーバイクアイ
一個 人 一百塊。
Yíge rén yìbǎikuài.

- [ ] 大人2枚ください。

ウオ　シアン　ヤオ　リアンジャン　チョンルェン　ピアオ
我 想 要 兩張 成人 票。
Wǒ xiǎng yào liǎngzhāng chéngrén piào.

- [ ] ちょっと入って見てもいいですか？

コォイー　ジンチュイ　カンカン　マ
可以 進去 看看 嗎？
Kěyǐ jìnqù kànkan ma?

- [ ] 入れます。／入れません。

コォイー　　　　ブゥ　コォイー
可以。／不 可以。
Kěyǐ. Bù kěyǐ.

- [ ] 出口はどこですか？

チューコウ　ザァイ　ナーリー
出口 在 哪裡？
Chūkǒu zài nǎlǐ?

- [ ] トイレはどこですか？

シーショウジエン　ザァイ　ナーリー
洗手間 在 哪裡？
Xǐshǒujiān zài nǎlǐ?

- [ ] 2階です。

ザァイ　アル　ロウ
在 二 樓。
Zài èr lóu.

PART 4

すぐに話せる！台湾旅行重要フレーズ

27課 写真を撮る

ショート対話

☐ A: 写真を撮ってもいいですか？

可以 拍照 嗎？
Kěyǐ pāizhào ma?

☐ B: いいですよ。

可以。
Kěyǐ.

☐ B: いいえ。ここは撮影禁止です。

不行。這裡 禁止 拍照。
Bùxíng. Zhèlǐ jìnzhǐ pāizhào.

関連表現・事項

◇ いっしょに写真を撮りましょう。

一起 拍照 吧。
Yìqǐ pāizhào ba.

◇ 写真を撮っていただけますか？

可以 給 我 照 張 相 嗎？
Kěyǐ gěi wǒ zhào zhāng xiàng ma?

すぐに使えるフレーズ

□ 一緒に写真を撮ってもいいですか？

可以 和 您 一起 拍照 嗎？
Kěyǐ hé nín yìqǐ pāizhào ma?
(コォイー ホー ニン イーチィ パイジャオ マ)

□ 写真を撮っていただけますか？

可以 幫 我 拍照 嗎？
Kěyǐ bāng wǒ pāizhào ma?
(コォイー バン ウオ パイジャオ マ)

□ ここを押すだけです。

按 這 個 就 可以 了。
Àn zhèi ge jiù kěyǐ le.
(アン ジェイ ゴォ ジョウ コォイー ラ)

□ 撮ります。笑って。1, 2, 3。

要 照 了。笑一笑。1, 2, 3。
Yào zhào le. Xiàoyíxiào. Yī, èr, sān.
(ヤオ ジャオ ラ シアオイーシアオ イー アル サン)

□ はい。（写真を撮る合図）

照 啦。
Zhào la.
(ジャオ ラ)

□ もう1枚お願いします。

請 再 照 一張。
Qǐng zài zhào yìzhāng.
(チン ザァイ ジャオ イージャン)

PART 4 すぐに話せる！台湾旅行重要フレーズ

28課 観劇・観戦

ショート対話

□ A: ここでチケットは買えますか？

ノン ザァイ ジョーリー マイ ピアオ マ

能 在 這裡 買 票 嗎？
Néng zài zhèlǐ mǎi piào ma?

□ A: 開演は何時ですか？

ジィー ディエン カイイエン

幾 點 開演？
Jǐ diǎn kāiyǎn?

□ B: 3時からです。

サン ディエン

三 點。
Sān diǎn.

関連表現・事項

■ 台湾の伝統芸能

◇「影絵劇」
ピーインシィ
皮影戲
píyǐngxì

◇「あやつり人形」
クェイレイシィ
傀儡戲
kuǐlěixì

◇「台湾オペラ」
ゴォザァイシィ
歌仔戲
gēzǎixì

すぐに使えるフレーズ

□ 席を予約したいのですが。

ウオ シアン ディン ウエイ

我 想 訂 位。
Wǒ xiǎng dìng wèi.

□ 大人2枚ください。

リアンジャン チョンルェン ピアオ

兩張 成人 票。
Liǎngzhāng chéngrén piào.

□ 台湾の文化に興味があります。

ウオ ドゥイ タイワン ダ ウエンホア ヨウ シンチュイ

我 對 臺灣 的 文化 有 興趣。
Wǒ duì Táiwān de wénhuà yǒu xìngqù.

□ 台湾人形劇を見たいのですが。

ウオ シアン カン ブータイシィ

我 想 看 布袋戲。
Wǒ xiǎng kàn bùdàixì.

□ これが見たいのですが。

ウオ シアン カン ジェイ ゴォ

我 想 看 這 個。
Wǒ xiǎng kàn zhèi ge.

□ 今日の演目は何ですか？

ジンティエン イエン シェンモ

今天 演 什麼？
Jīntiān yǎn shénme?

□ 次の上演は何時に始まりますか？

シア イーチャン ジイーディエン カイシー

下 一場 幾點 開始？
Xià yìchǎng jǐdiǎn kāishǐ?

□ いつですか？

シェンモシーホウ

什麼時候？
Shénmeshíhòu?

□ どこで？

ザァイ ナーリー

在 哪裡？
Zài nǎlǐ?

□ プログラムはありますか？

ヨウ ジエームゥ ダン マ

有 節目 單 嗎？
Yǒu jiémù dān ma?

☐ 席はありますか？

ヨウ　メイヨウ　コン　ウエイ
有 沒有 空 位？
Yǒu　méiyǒu　kòng　wèi?

☐ いつ頃席がとれますか？

シェンモシーホウ　ノン　ドンダオ　ズオウエイ
什麼時候 能 等到 座位？
Shénmeshíhòu　néng　děngdào　zuòwèi?

☐ コンサートはいつ始まるのですか？

インユエ　ホェイ　シェンモシーホウ　カイシー
音樂 會 什麼時候 開始？
Yīnyuè　huì　shénmeshíhòu　kāishǐ?

☐ 私の席に案内してくれますか？

ノン　バン　ウオ　ジャオ　イーシヤ　ズオウエイ　マ
能 幫 我 找 一下 座位 嗎？
Néng　bāng　wǒ　zhǎo　yíxià　zuòwèi　ma?

☐ ここに座ってもいいですか？

コォイー　ズオ　ジョーリー　マ
可以 坐 這裡 嗎？
Kěyǐ　zuò　zhèlǐ　ma?

PART 4　すぐに話せる！台湾旅行重要フレーズ

29課 両替する

ショート対話

□ A: 両替をしたいのですが。

ウオ シアン ホアン チエン
我 想 換 錢。
Wǒ xiǎng huàn qián.

□ B: あちらです。

ザァイ ナーリー
在 那裡。
Zài nàlǐ.

□ A: このトラベラーズチェックを現金にしたいのですが。

ウオ シアン バ リュシン ジーピアオ ドェイホアンチョン シエンジン
我 想 把 旅行 支票 兌換成 現金。
Wǒ xiǎng bǎ lǚxíng zhīpiào duìhuànchéng xiànjīn.

□ B: いくら換えますか?

ニン ホアン ドゥオシァオ
您 換 多少?
Nín huàn duōshǎo?

関連表現・事項

◇ 台湾元　　臺幣　Táibì　タイビー
◇ 人民元　　人民幣　Rénmínbì　レンミンビー
◇ 日本円　　日幣　Rìbì　ルィビー
◇ 香港ドル　港幣　Gǎngbì　ガンビー
◇ 米ドル　　美金　Měijīn　メイジン

すぐに使えるフレーズ

☐ 今日の為替レートはどのくらいですか？

ジンティエン　ダ　ホェイリュ　シー　ドゥオシァオ

今天 的 匯率 是 多少？
Jīntiān　de　huìlǜ　shì　duōshǎo?

☐ これを台湾ドルにしてください。

チン　ホアンチョン　タイビー

請 換成 臺幣。
Qǐng　huànchéng　Táibì.

☐ これを細かくしてください。

チン　ホアン　リンチエン

請 換 零錢。
Qǐng　huàn　língqián.

☐ 小銭もください。

イエ　チン　ゲイ　ウオ　リンチエン

也 請 給 我 零錢。
Yě　qǐng　gěi　wǒ　língqián.

☐ 両替証明書をください。

チン　ゲイ　ウオ　ワイホェイ　ダン

請 給 我 外匯 單。
Qǐng　gěi　wǒ　wàihuì　dān.

☐ 計算に間違いがあるようです。

ニン　ハオシャン　スワンツオ　ラ

您 好像 算錯了。
Nín　hǎoxiàng　suàncuò　le.

PART 4

すぐに話せる！台湾旅行重要フレーズ

30課 郵便局で

役に立つ表現

□ 郵便局はどこですか？

ヨウジュー ザァイ ナーリー
郵局 在 哪裡？
Yóujú zài nǎlǐ?

□ 切手を買いたいのですが。

ウォ シアン マイ ヨウピアオ
我 想 買 郵票。
Wǒ xiǎng mǎi yóupiào.

□ 速達でお願いします。

チン ヨン クアイディ
請 用 快遞。
Qǐng yòng kuàidì.

関連表現・事項

◇ 絵はがき
フォンジンミンシンピエン
風景明信片
fēngjǐngmíngxìnpiàn

◇ 切手集め
ジィーヨウ
集郵
jíyóu

◇ 郵便番号
ヨウディチュイハオ
郵遞區號
yóudìqūhào

◇ 郵便料金
ヨウジィフェイ
郵寄費
yóujìfèi

すぐに使えるフレーズ

☐ これを航空便で送りたいのですが。

ウオ　シアン　ジィ　ハンコォン　ヨウジエン
我 想 寄 航空 郵件。
Wǒ　xiǎng　jì　hángkōng　yóujiàn.

☐ これを船便で送りたいのですが。

ウオ　シアン　ジィ　チョアンユン　ヨウジエン
我 想 寄 船運 郵件。
Wǒ　xiǎng　jì　chuányùn　yóujiàn.

☐ これは壊れやすい物です。

ジョー　シー　イースェイ　ピン
這 是 易碎 品。
Zhè　shì　yìsuì　pǐn.

☐ 中身は何ですか？

リーミエン　シー　シェンモ
裡面 是 什麼？
Lǐmiàn　shì　shénme?

☐ 全部私物です。

ドウ　シー　スールェン　ウーピン
都 是 私人 物品。
Dōu　shì　sīrén　wùpǐn.

31課 電話で

ショート対話

□ A: 黄明さんはいらっしゃいますか？

ホアン ミン シエンション シアオジエー ザァイ マ
黄 明 先生 [小 姐] 在 嗎 ?
Huáng Míng xiānshēng xiǎojiě zài ma?

□ B: 彼は出かけています。

ター チューチュイ ラ
他 出 去 了。
Tā chūqù le.

□ B: お待ちください。

チン ドン イーシヤ
請 等 一 下。
Qǐng děng yíxià.

関連表現・事項

■ いろいろな意味で使える "找"

找 [ジャオ] には,「探す」「訪ねる」「釣り銭を出す」の意味があります。

【例】「おつりがまちがっています」

ニー ジャオツオ ラ
你 找 錯 了。
Nǐ zhǎocuò le.

すぐに使えるフレーズ

□ もしもし。

ウエイ

喂。
Wéi.

□ どちらさまですか？

チンウエン　ナーリー　ジャオ

請問 哪裡 找？
Qǐngwèn　nǎlǐ　zhǎo?

□ 私は山田です。

ウオ　シー　シャンティエン

我 是 山田。
Wǒ　shì　Shāntián.

□ 黄さんをお願いします。

ウオ　ジャオ　ホアン　シエンション　　シアオジエー

我 找 黃 先生［小姐］。
Wǒ　zhǎo　Huáng　xiānshēng　　xiǎojiě.

□ はい。だれをおたずねですか？

シー　　ニン　ジャオ　シェイ

是。您 找 誰？
Shì.　Nín　zhǎo　shuí?

□ 王さんに伝言をお願いしたいのですが。

ウオ　シアン　ゲイ　ワン　シエンション　リョウイエン

我 想 給 王 先 生 留 言。
Wǒ　xiǎng　gěi　Wáng　xiānshēng　liúyán.

□ ゆっくり話してください。

チン　シュオ　マン　イーディエン

請 說 慢 一 點。
Qǐng　shuō　màn　yìdiǎn.

□ あとで電話します。

ウオ　ホェイ　ザァイ　ダグオライ

我 會 再 打 過 來。
Wǒ　huì　zài　dǎguòlái.

□ ごめんなさい。かけ間違えました。

ドェイブゥチィー　ウオ　ダツオ　ラ

對 不 起。我 打 錯 了。
Duìbùqǐ.　Wǒ　dǎcuò　le.

☐ この電話で国際電話がかけられますか？

ノン　ヨン　ジェイ　ゴォ　ディエンホア　ダ　　グオジィ　ディエンホア　マ
能　用　這　個　電　話　打　國　際　電　話　嗎？
Néng　yòng　zhèi　ge　diànhuà　dǎ　guójì　diànhuà　ma?

☐ 国際電話はどうやってかけるのでしょうか？

グオジィ　ディエンホア　ゼンモ　ダ
國　際　電　話　怎　麼　打？
Guójì　diànhuà　zěnme　dǎ?

☐ 日本にコレクトコールで電話をかけたいのですが。

ウオ　シアン　ダ　ドェイファン　フゥフェイ　ダ　ルィベン
我　想　打　對　方　付　費　的　日　本
Wǒ　xiǎng　dǎ　duìfāng　fùfèi　de　Rìběn

ディエンホア
電　話。
diànhuà.

32課 盗難・紛失

ショート対話

□ 遺失物係はどこですか？

シーウー ジャオリン チュ ザァイ ナーリー
失物 招領 處 在 哪裡？
Shīwù zhāolǐng chù zài nǎlǐ?

□ 忘れ物をしました。

ウオ ダ ドォンシィー ワン ラ
我 的 東西 忘 了。
Wǒ de dōngxī wàng le.

□ パスポートをなくしました。

ウオ ダ フゥジャオ ディアオ ラ
我 的 護照 掉 了。
Wǒ de hùzhào diào le.

関連表現・事項

■ 注意をうながす

□ 気をつけて！

シアオシン
小心！
Xiǎoxīn!

□ 危ない！

ウエイシエン
危險！
Wéixiǎn!

すぐに使えるフレーズ

□ クレジットカードをなくしました。

ウオ　ダ　シンヨン　カー　ディアオ　ラ
我 的 信用 卡 掉 了。
Wǒ de xìnyòng kǎ diào le.

□ 財布をなくしました。

ウオ　ダ　チエンバオ　ブゥ　ジエン　ラ
我 的 錢包 不 見 了。
Wǒ de qiánbāo bú jiàn le.

□ 盗難証明書を発行してください。

チン　ゲイ　ウオ　シーチエ　ジォンミンシュー
請 給 我 失竊 證明書。
Qǐng gěi wǒ shīqiè zhèngmíngshū.

□ クレジットカードを無効にしてください。

チン　チュイシアオ　ウオ　ダ　シンヨンカー
請 取消 我 的 信用卡。
Qǐng qǔxiāo wǒ de xìnyòngkǎ.

☐ 警察を呼んで！

ジアオ　ジンチャー
叫 警察！
Jiào　jǐngchá!

☐ 警察署はどこですか？

ジンチャー　ジュー　ザァイ　ナーリー
警察 局 在 哪裡？
Jǐngchá　jú　zài　nǎlǐ?

☐ 早く救急車を呼んで！

クアイ　ジアオ　ジョウフゥチョー
快 叫 救護車！
Kuài　jiào　jiùhùchē!

☐ 落ち着いて！

ロンジン　ディエン
冷靜 點！
Lěngjìng　diǎn!

☐ 助けて！

ジョウミン
救命！
Jiùmìng!

□ だれか来て！

ライ ルィン ア
來 人 啊！
Lái rén a!

□ やめて！

ジュ ショウ
住 手！
Zhù shǒu!

□ どろぼう！

ジョア シアオトウ
抓 小 偷！
Zhuā xiǎotōu!

□ 火事だ！

シー フオ ラ
失 火 了！
Shī huǒ le!

33課 病気・診察・薬局

ショート対話

□ A: どのくらい待ちますか？

ヤオ ドン ドゥオジョウ
要 等 多久？
Yào děng duōjiǔ?

□ B: だいたい10分くらいです。

ダーユエ シーフェンジョォン
大約 十分鐘。
Dàyuē shífēnzhōng.

□ A: どうしましたか？

ニー ゼンモ ラ
你 怎麽 了？
Nǐ zěnme le?

□ B: のどが痛いです。

ウオ ホウロォン トォン
我 喉嚨 痛。
Wǒ hóulóng tòng.

関連表現・事項

■「私は〜が痛い」と言うとき

"我 〜 痛。"のパターンを使います。

| 我 〜 痛。 | 「のど」喉嚨 (ホウロォン) | 「胃」胃 (ウエイ) |
| | 「頭」頭 (トウ) | 「腰」腰 (ヤオ) |

すぐに使えるフレーズ

☐ ここに薬局はありますか？

ジョーリー　ヨウ　ヤオファン　マ
這裡　有　藥房　嗎？
Zhèlǐ　yǒu　yàofáng　ma?

☐ 頭痛薬はありますか？

ヨウ　トウ　トォン　ヤオ　マ
有　頭　痛　藥　嗎？
Yǒu　tóu　tòng　yào　ma?

☐ 薬局はどこにありますか？

ヤオファン　ザァイ　ナーリー
藥房　在　哪裡？
Yàofáng　zài　nǎlǐ?

☐ この薬はどうやって飲めばいいでしょう？

ジェイ　ゴォ　ヤオ　ゼンモ　チー
這　個　藥　怎麼　吃？
Zhèi　ge　yào　zěnme　chī?

☐ バンドエイドをください。

ウオ　シアン　ヤオ　イークアイ　チョアンシャン　ティエヤオ
我　想　要　一塊　創傷　貼藥。
Wǒ　xiǎng　yào　yíkuài　chuàngshāng　tiēyào.

PART 4

すぐに話せる！台湾旅行重要フレーズ

□ お医者さんに診てもらいたいのですが。

ウオ　シアン　チン　イーション　　カンカン
我 想 請 醫生 看看。
Wǒ　xiǎng　qǐng　yīshēng　kànkan.

□ 私はアレルギー体質です。

ウオ　シー　グオミン　ディジー
我 是 過敏 體質。
Wǒ　shì　guòmǐn　tǐzhí.

【症状を説明する】

□ ケガをしました。

ウオ　ショウシャン　ラ
我 受傷 了。
Wǒ　shòushāng　le.

□ 頭痛がします。

ウオ　トウ　トォン
我 頭 痛。
Wǒ　tóu　tòng.

□ お腹が痛いのです。

ウオ　ドゥーズ　トォン
我 肚子 痛。
Wǒ　dùzi　tòng.

□ 下痢をしています。

ウオ　ラー　ドゥーズ
我 拉 肚子。
Wǒ　lā　dùzi.

□ 胸が痛いです。

ウオ　ション トォン
我 胸 痛。
Wǒ　xiōng　tòng.

□ 肩が痛いです。

ウオ　ジエンバン　トォン
我 肩膀 痛。
Wǒ　jiānbǎng　tòng.

□ 歯が痛いです。

ウオ　ヤー　トォン
我 牙 痛。
Wǒ　yá　tòng.

PART 4

すぐに話せる！台湾旅行重要フレーズ

□ 耳が痛いです。

ウオ　アルドゥオ　トォン
我 耳朵 痛。
Wǒ　ěrduō　tòng.

□ ちょうどここが痛みます。

ウオ　ジョーリー　ヨウディエン トォン
我 這裡 有點 痛。
Wǒ　zhèlǐ　yǒudiǎn　tòng.

□ 医療保険に入っています。

ウオ　ヨウ　ツァンジィア　イーリアオ　バオシエン
我 有 參加 醫療 保險。
Wǒ　yǒu　cānjiā　yīliáo　bǎoxiǎn.

□ 診断書がほしいのですが。

ウオ　シアン　ヤオ　ジェンドアンシュー
我 想 要 診斷書。
Wǒ　xiǎng　yào　zhěnduànshū.

PART 5

入れ替えて使える！
台湾華語の基本単語集

「あ」

日本語	中国語(読み)
愛する	愛 (アイ)
あいさつ	問侯 (ウエンホウ)
会う	見面 (ジエンミエン)
明るい	明亮 (ミンリアン)
明るい（性格）	開朗 (カイラン)
開ける	打開 (ダーカイ)
あげる,くれる,与える	給 (ゲイ)
味	味道 (ウエイダオ)
預ける	寄存 (ジィツゥン)
遊ぶ	玩 (ワン)
暖かい	暖和 (ヌアンフオ)
新しい	新 (シン)
厚い	厚的 (ホウダ)
暑い	熱的 (ルォーダ)
集まる	收集 (ショウジィー)
アニメ	卡通 (カートォン)
甘い	甜 (ティエン)
洗う	洗衣服 (シィイーフゥー)
歩く	走 (ズオ)

「い」

日本語	中国語(読み)
言う	説 (シュオ)
家	家 (ジィア)
行く	去 (チュイ)
医者	醫生 (イーション)
忙しい	忙碌 (マンルゥ)

痛い	痛 トン
いっしょ	一起 イーチィー
いつも	毎次 メイツー
命	生命 ションミン
今	現在 シエンザァイ
意味	意思 イース
Eメール	電子郵件 ティエンズヨウジエン
入口	入口 ルゥコウ
祝う	慶祝 チンジュー
インターネット	網路 ワンルゥ
飲料水	飲料 インリアオ

「う」

上	上面 シャンミエン
受付	櫃台 グェイタイ
失う	失去 シーチュイ
後ろ	後面 ホウミエン
薄い	薄 バオ
歌	歌 ゴォー
歌う	唱歌 チャンゴォー
打つ	打 ダー
美しい	美麗 メイリー
生まれる	出生 チューション
海	海 ハイ
売る	賣 マイ
うるさい	吵 チャオ
うれしい	高興 ガオシン

PART 5 入れ替えて使える！台湾華語の基本単語集

運賃	交通費 (ジアオトォンフェイ)		演奏する	演奏 (イエンジョウ)
運転（する）	駕駛 (ジィアシー)		**「お」**	
運動する	運動 (ユンドォン)		おいしい	好吃 (ハオチー)
「え」			多い	多 (ドゥオ)
絵	畫 (ホワ)		大きい	大 (ダー)
絵をかく	畫畫 (ホワホワ)		お金	錢 (チエン)
映画	電影 (ディエンイン)		起きる	起床 (チィチョアン)
英語	英文 (インウエン)		置く	放置 (ファンジー)
駅	車站 (チョージャン)		送る	送 (ソォン)
選ぶ	選擇 (シュエンゼォー)		遅れる	遲到 (チーダオ)
得る	得到 (ダーダオ)		怒る	生氣 (ションチィ)
延期する	延期 (イエンチィー)		押す	按 (アン)
援助する	援助 (ユエンジュー)		遅い（速度）	慢 (マン)

落とす	イーシー 遺失		音楽	インユエ 音樂
訪れる	バイファン 拜訪		温泉	ウエンチュエン 溫泉
おつり	リンチェン 零錢		温度	ウエンドゥ 溫度
音	ションイン 聲音		「か」	
大人	ダールェン 大人		海外	グオワイ 國外
踊る	ティアオウー 跳舞		解決する	ジエジュエ 解決
同じ	イーヤン 一樣		外国	ワイグオ 外國
覚えている	ジィダー 記得		外国人	ワイグオルェン 外國人
重い	ジョォン 重		改札口	ジエンピアオコウ 剪票口
面白い	ヨウイース 有意思		会社	ゴォンスー 公司
泳ぐ	ヨウヨン 游泳		懐中電灯	ショウティエントォン 手電筒
降りる	シアチョー 下車		回復する	ホェイフゥー 回復
終わる	ジエーシュー 結束		会話	ホェイホア 會話

PART 5　入れ替えて使える！台湾華語の基本単語集

買う	マイ 買		勝つ	フオション 獲勝	
返す	ホアン 還		学校	シュエシアオ 學校	
変える	ガイビエン 改變		家庭	ジィアティン 家庭	
帰る	ホェイジィア 回家		悲しい	シャンシン 傷心	
香り	シアンウエイ 香味		紙	ジー 紙	
鏡	ジンズ 鏡子		カメラ	ジャオシアンジィー 照相機	
カギ	ヤオシ 鑰匙		辛い	ラー 辣	
書く	シエー 寫		カラオケ	カラー　オケ 卡拉OK	
菓子	ティエンシン 點心		軽い	チン 輕	
貸す	ジェ 借		かわいい	コォアイ 可愛	
数える	シュー 數		乾く	ガン 乾	
硬い	イン 硬		考える	カオリュ 考慮	
形	シンジョアン 形狀		環境	ホアンジン 環境	

日本語	中文 (ピンイン風カナ)	日本語	中文 (ピンイン風カナ)
歓迎する	歡迎 (ホアンイン)	危険	危險 (ウエイシエン)
観光	旅遊 (リューヨウ)	気候	氣候 (チィホウ)
看護師	護士 (フゥーシー)	帰国	回國 (ホエイグオ)
簡単	簡單 (ジエンダン)	季節	季節 (ジィジエー)
感染する	感染 (ガンルァン)	きたない	髒 (ザン)
感動する	感動 (ガンドォン)	喫茶店	咖啡廳 (カーフェイティン)

「き」

日本語	中文 (ピンイン風カナ)	日本語	中文 (ピンイン風カナ)
木	樹木 (シュームゥ)	切手	郵票 (ヨウピアオ)
気をつける	小心 (シアオシン)	切符(チケット全般)	票 (ピアオ)
消える	消失 (シアオシー)	記入する	填入 (ティエンルゥ)
気温	氣溫 (チィウエン)	記念日	紀念日 (ジィニエンルィ)
着替える	換衣服 (ホアンイーフゥー)	休暇	休暇 (ショウジィア)
聞く	聽 (ティン)	休日	假日 (ジィアルィ)
		興味がある	有興趣 (ヨウシンチュイ)

きらい	討厭 (タオイエン)		來る	來 (ライ)
切る	切 (チエー)		苦しい	痛苦 (トォンクゥー)
着る	穿 (チョアン)		グルメ	美食 (メイシー)
銀行	銀行 (インハンー)			

「く」

「け」

空港	機場 (ジーチャン)		計画	計劃 (ジィホア)
くさい	臭 (チョウ)		経験	經驗 (ジンイエン)
薬	藥品 (ヤオピン)		警察	警察 (ジンチャー)
薬屋	藥局 (ヤオジュー)		携帯電話	行動電話 (シンドォンティエンホア)
口紅	口紅 (コウホォン)		化粧品	化妝品 (ホアジョアンピン)
暗い	暗暗的 (アンアンダ)		月経	月經 (ユエジン)
比べる	比較 (ビージアオ)		結婚する	結婚 (ジエーフン)
クレジットカード	信用卡 (シンヨンカー)		欠席	缺席 (チュエシィー)
			元気	有精神 (ヨウジンシェン)

日本語	カタカナ	中国語		日本語	カタカナ	中国語
健康	ジエンカン	健康		国籍	グオジィー	國籍
検査	ジエンチャー	檢查		心	シン	心
原子力	ユエンズノン	原子能		故障する	グゥジャン	故障
原子力発電所	ホーノンファーティエンチャン	核能發電廠		子供	シアオハイ	小孩

「こ」

				断る	ジュジュエ	拒絕
濃い	ノォン	濃		小包	バオグオ	包裹
恋人	チンルェン	情人		恐い	コォパー	可怕
公園	ゴンユエン	公園		コンピュータ	ディエンナオ	電腦
電話	ディエンホア	電話		婚約する	ディンフゥン	訂婚
香水	シアンシェイ	香水				

「さ」

幸福	シンフゥー	幸福		最近	ズェイジン	最近
声	ションイン	聲音		最後	ズェイホウ	最後
故郷	グゥシアン	故鄉		最初	ディーツー	第一次

PART 5 入れ替えて使える！台湾華語の基本単語集

サイズ	尺寸 チーツゥン		時間	時間 シージエン
財布	錢包 チエンバオ		仕事	工作 ゴォンズオ
探す	找 ジャオ		辞書	辭典 ツーディエン
酒	酒 ジョウ		地震	地震 ディジェン
誘う	邀約 ヤオユエ		質問	發問 ファーウエン
雑誌	雜誌 ザァージー		自動車	汽車 チィチョー
寒い	冷 ロン		氏名	姓名 シンミン
触る	摸 モー		閉める	關 グアン
散歩する	散步 サンブゥ		写真	照片 ジャオピエン
			集合	集合 チィーホー

「し」

試合	比賽 ビーサイ		住所	地址 ディジー
幸せ	幸福 シンフゥー		収入	收入 ショウルゥ
資格	資格 ズーゴォー		修理する	修理 ショウリー

日本語	中文	ピンイン（カナ）
出発する	出發	チューファ
趣味	興趣	シンチュイ
主婦	主婦	ジュフゥ
準備する	準備	ジュンベイ
紹介する	介紹	ジエシァオ
正直	坦率	タンショアイ
招待	招待	ジャオダイ
将来	將來	ジアンライ
女性	女性	ニュシン
知らせる	告知	ガオジー
信じる	相信	シアンシン
親切	親切	チンチエ
新鮮	新鮮	シンシエン
新聞	報紙	バオジー
親友	好朋友	ハオポンヨウ

「す」

日本語	中文	ピンイン（カナ）
好き	喜歡	シィホアン
少し	一點	イーディエン
過ごす，暮らす	渡過	ドゥグオ
涼しい	涼快	リアンクアイ
捨てる	扔掉	ルェンディア
素直	直率	ジーショアイ
住む	住	ジュー
座る	坐	ズオ

「せ」

日本語	中文	ピンイン（カナ）
性格	個性	ゴォシン

PART 5 入れ替えて使える！台湾華語の基本単語集

生活	ションフオ 生活	そっくり	ヘンシアン 很像
成功する	チョンゴォン 成功	剃る	ティー 剃
成長する	チョンジャン 成長	尊敬する	ズゥンジン 尊敬
生年月日	チューションニエンユエルイ 出生年月日	| 「た」	
生理用品	ションリーヨンピン 生理用品	体温	ティウエン 體溫
説明	シュオミン 說明	大学	ダーシュエ 大學
節約する	ジエーユエ 節約	大学生	ダーシュエション 大學生
狭い	シアジャイ 狹窄	滞在する	ティンリョウ 停留
洗濯する	シィイー 洗衣	台風	タイフォン 颱風
「そ」		高い（高さ）	ガオ 高
そうじ	ダーサオ 打掃	高い（値段）	グエイ 貴
相談	シャンリアン 商量	タクシー	ジィチョンチョー 計程車
卒業	ビーイエ 畢業	助ける	バンマン 幫忙

訪ねる	訪問	ファンウエン		地下	地下	ディーシア
正しい	正確	ジョンチュエ		近い	近	ジン
立つ	站	ジャン		違う	不一樣	ブイーヤン
建物	建築物	ジエンジューウー		地球	地球	ティーチョウ
楽しい	愉快	ユィークアイ		台湾華語	華語	ホアーユイー
タバコ	香煙	シアンイエン			中文	ジョンウエン
食べる	吃	チー		中国人	中國人	ジョングオルェン
試す	試試看	シーシーカン		中止	中止	ジョンジー
短所	短處	ドアンチュ		中心	中心	ジョンシン
誕生日	生日	ションルィ		注文する	點	ディエン
男性	男性	ナンシン		治療する	治療	ジーリアオ

「ち」

「つ」

| 小さい | 小的 | シアオダ | | 通訳 | 口譯 | コウイー |

PART 5 入れ替えて使える！台湾華語の基本単語集

使う	使用 (シーヨン)		伝言	留言 (リョウイエン)
疲れる	累 (レイ)		電話	電話 (ティエンホア)
包む	包装 (バオジョアン)		電話番号	電話號碼 (ディエンホアハオマー)
冷たい（冷淡）	冷漠 (ロンモー)			

「て」

Tシャツ	T恤 (ティーシュイ)
ティッシュペーパー	面紙 (ミエンジー)
手紙	信 (シン)
出口	出口 (チューコウ)
手伝う	幫忙 (バンマン)
デパート	百貨公司 (バイフオゴォンスー)
テレビ	電視 (ディエンシー)
天気	天氣 (ティエンチィ)

「と」

トイレ	洗手間 (シィショウジエン)
トイレットペーパー	衛生紙 (ウエイションジー)
到着する	到達 (ダオダー)
動物	動物 (ドォンウー)
遠い	遠 (ユエン)
通り	馬路 (マールゥ)
読書	看書 (カンシュー)
時計（腕時計）	手錶 (ショウビアオ)
時計（置時計）	鐘 (ジョォン)

日本語	中国語	ピンイン（カタカナ）
閉じる	關	グアン
飛ぶ	飛	フェイ
泊まる	住	ジュー
友達	朋友	ポンヨウ
トラベラーズチェック	旅行支票	リュシンジーピアオ
取り消す	取消	チュイシアオ
努力する	努力	ヌゥリー

「な」

日本語	中国語	ピンイン（カタカナ）
内容	内容	ネイルゥォン
直す	修理	ショウリー
長い	長	チャン
流れる	流動	リョウドォン
なくす	弄丟	ノォンデォウ
名前	名字	ミンズ
習う	學習	シュエシィー
慣れる	習慣	シィーグアン

「に」

日本語	中国語	ピンイン（カタカナ）
におい	味道	ウエイダオ
苦い	苦	クゥー
似ている	很像	ヘンシアン
日本	日本	ルィベン
日本語	日語	ルィユィー
日本人	日本人	ルィベンルェン
荷物	行李	シンリー
ニュース	新聞	シンウエン
人形	玩偶	ワンオウ

PART 5 入れ替えて使える！台湾華語の基本単語集

「ね」

値段（価格）	價錢 ジィアチエン
熱が出る	發燒 ファーシァオ
寝る	睡覺 シェイジアオ
年齢	年齡 ニエンリン

「の」

ノート	筆記本 ビジィベン
飲み物	飲料 インリアオ
乗る	搭乘 ターチョン
乗り換える	換車 ホアンチョー

「は」

入る	進入 ジンルゥ
計る	量 リアン
運ぶ	搬運 バンユン
箸	筷子 クアイズ
始める	開始 カイシー
初めて	第一次 ディーイーツー
場所	地方 ディファン
走る	跑 パオ
バス	公車 ゴォンチョー
パスポート	護照 フゥジャオ
パソコン	電腦 ディエンナオ
働く	工作 ゴォンズオ
発音	發音 ファーイン
派手な	花俏 ホアチアオ
話す	說話 シュオホア

日本語	ピンイン	中国語
速い	クアイ	快
番号	ハオマー	號碼
反対する	ファンドェイ	反對
半分	イーバン	一半

「ひ」

低い	ディー	低
飛行機	フェイジィー	飛機
引っぱる	ラー	拉
非常口	アンチュエンメン	安全門
費用	フェイヨン	費用
美容院	メイルゥォンユエン	美容院
病院	イーユエン	醫院
病気	ビン	病

広い	クアンダー	寬大
ビール	ピージョウ	啤酒

「ふ」

ファッション	シージョアン	時裝
封筒	シンフォン	信封
深い	シェンダ	深的
服	イーフゥー	衣服
舞台	ウータイ	舞台
普通	プゥトォン	普通
二日酔い	スゥズェイ	宿醉
太った	パンダ	胖的
降る	シア	下
古い	ジョウダ	舊的

PART 5 入れ替えて使える！台湾華語の基本単語集

プレゼント	リーウー 禮物		細い	シーダ 細的
風呂	ュィシー 浴室		ホテル	ファンディエン 飯店
文化	ウエンホア 文化		ほめる	クアジアン 誇奬
			本	シュー 書

「へ」

「ま」

部屋	ファンジエン 房間		曲がる	ジョアンワン 轉彎
勉強する	シュエシィー 學習		負ける	シーパー 失敗
変更する	ビエンゴン 變更		まじめ	ルェンジェン 認真
返事	ホェイダー 回答		間違い	ツオウー 錯誤
便利	ファンビエン 方便		待つ	ドンダイ 等待

「ほ」

方向	ファンシアン 方向		まっすぐ	イージー 一直
方法	ファンファー 方法		窓	チョアンフゥ 窗戸
保険	バオシエン 保險		守る	バオフゥ 保護

マンガ	漫畫 (マンホア)		昔	從前 (ツォンチエン)
満足する	滿意 (マンイー)		難しい	難 (ナン)

「み」

			結ぶ	綁 (バン)
未婚	未婚 (ウエイフン)		夢中	熱衷 (ルォジョォン)
水	水 (シェイ)		無料	免費 (ミエンフェイ)

「め」

店	商店 (シャンディエン)		名刺	名片 (ミンピエン)
見つける	找到 (ジャオダオ)		名所	名勝 (ミンション)
身分証明書	身分証 (シェンフェンジォン)		珍しい	珍貴 (ジェンクェイ)
みやげ	禮物 (リーウー)		メニュー	菜單 (ツァイダン)
未來	未來 (ウエイライ)		免税	免税 (ミエンシェイ)
見る	看 (カン)			

「む」

「も」

迎える	迎接 (インジエー)		申し込み	報名 (バオミン)

PART 5 入れ替えて使える！台湾華語の基本単語集

文字	文字 ウエンツ	友情	友情 ヨウチン

「や」

		郵送する	郵寄 ヨウジィ
約（およそ）	大約 ダーユエ	郵便局	郵局 ヨウジュー
役に立つ	有用 ヨウヨン	指輪	戒指 ジエジー
優しい	温柔 ウエンルゥオ	夢	夢 モン
易しい	容易 ルゥオンイー		

「よ」

安い	便宜 ピエンイー	良い	好 ハオ
休む	休息 ショウシー	酔う	醉 ズェイ
やわらかい	柔軟 ルゥオルゥワン	用意する	準備 ジュンベイ

「ゆ」

		用心する	小心 シアオシン
遊園地	遊樂園 ヨウラーユエン	予定	預定 ユィディン
勇気	勇氣 ヨンチィ	呼ぶ	叫 ジアオ
夕食	晩餐 ワンツァン	読む	看 カン

予約	予約 ュィユエ		領収書	收據 ショウジュイ
弱い	弱 ルゥオ		旅行	旅遊 リュヨウ

「ら」「り」

「る」「れ」「ろ」

理解する	了解 リアオジエー		留守	不在家 フゥザァイジィア
理想	理想 リーシアン		例	例子 リーズ
理由	理由 リーヨウ		例外	例外 リーワイ
留学	留學 リョウシュエ		歴史	歷史 リーシー
留学生	留學生 リョウシュエション		連絡する	聯絡 リェンルオ
流行	流行 リョウシン		練習する	練習 リエンシィー
両替する	換錢 ホアンチエン		録音する	錄音 ルゥイン
料金	費用 フェイヨン			

「わ」

料理する	做菜 ズオツァイ		若い	年輕 ニエンチン
旅行	旅行 リュシン		わかる	了解 リアオジエー

PART 5 入れ替えて使える！台湾華語の基本単語集

別れる	分手	フェンショウ
分ける	分開	フェンカイ
忘れる	忘記	ワンジィー
割引き	打折	ダージョー
笑う	笑	シアオ
悪い	不好	ブゥハオ

ブックデザイン	大郷有紀（ブレイン）
編集協力	音玄堂，黄雅雯（ブレイン），金素樂
編集担当	斎藤俊樹（三修社）

CD付
バッチリ話せる台湾華語

2012年 6 月20日　第 1 刷発行
2019年 7 月20日　第 8 刷発行

監修者	渡邉豊沢
発行者	前田俊秀
発行所	株式会社三修社
	〒150-0001　東京都渋谷区神宮前 2-2-22
	TEL 03-3405-4511　FAX 03-3405-4522
	振替 00190-9-72758
	https://www.sanshusha.co.jp/
印刷所	壮光舎印刷株式会社
製本所	牧製本印刷株式会社
CD制作	三研メディアプロダクト株式会社

©2012 Printed in Japan
ISBN978-4-384-04282-5 C1087

[JCOPY] 〈出版者著作権管理機構 委託出版物〉
本書の無断複製は著作権法上での例外を除き禁じられています。複製される場合は、そのつど事前に、出版者著作権管理機構（電話 03-5244-5088 FAX 03-5244-5089 e-mail: info@jcopy.or.jp）の許諾を得てください。

三修社

小道迷子の台湾からようこそ日本へ──台湾華語でおもてなし

渡辺豊沢 著／小道迷子 画　A5判　208頁　本体 2,000 円＋税
ISBN978-4-384-04690-8 C0087

台湾から来たお客様をおもてなしするときに役立つ日本文化を漫画で紹介。回転寿司、花火、温泉からデパ地下やドラッグストアといった日常に密接にかかわる日本文化まで、全15話を掲載。漫画内の台湾華語はルビと訳がついているのでそのまま使えます。各話にイラスト単語集付き。さらに深く学習したい人は、発音と文法、コラムページで台湾華語をきちんと学べます。☆巻頭ページ一部カラー

小道迷子の知ってトクする台湾華語

渡辺豊沢 著／小道迷子 画　A5判　232頁　本体 2,000 円＋税
ISBN978-4-384-05826-0 C0087

台湾華語に興味がある方に…。台湾華語と台湾文化を同時に学べる1冊！　漫画編・Stepスタディ編・単語ノート編の3編から構成。台湾華語の指導経験が豊富な著者が、文法をシンプルに、わかりやすく解説。さらに、漫画家・小道迷子による23の漫画で、楽しく台湾華語をマスター。知っておくと、トクする台湾情報が満載。☆巻頭ページ一部カラー

小道迷子の台湾ではじめよう、中国語

小道迷子／渡辺豊沢 著　A5判　200頁　本体 2,000 円＋税
ISBN978-4-384-05608-2 C0087

外国人への中国語教育に、確かなスキルとノウハウを持つ台湾。そんな台湾が大好きで単身語学留学した漫画家・小道迷子が、満を持して放つ、決定版レッスンコミック！発音などを勉強しながら、台湾の習慣や文化などもわかる1冊。
☆巻頭ページ一部カラー

小道迷子のことわざで中国語

渡辺豊沢 著／小道迷子 画　A5判　192頁　本体 1,900 円＋税
ISBN978-4-384-03951-1 C0087

中国では「ことわざを用いなければ、話がうまく伝わらない」と言われているほど日常生活でも頻繁にことわざを用いています。本書は、一通りの中国語を習得した人が、もっと豊かな表現で話すためのことわざを集めてまとめました。小道迷子のイラストで楽しく学習するできます。日本での同義のことわざも掲載し、比較できるよう工夫しました。新聞、日常会話、ニュースなどで使用頻度の高いことわざばかりなので、日々の会話ですぐに使用可能です。

三修社

小道迷子の中国語に夢中

小道迷子 著・画／渡辺豊沢 監修　A5 判　208 頁　本体 2,000 円＋税
ISBN978-4-384-05443-9 C0087

主に旅行会話を中心に，観光・ショッピング・マッサージ・食事・友達を訪ねるなど，合わせて 32 編あります。単語対訳，カタカナ・ピーイン表記，漫画会話フレーズをもとに「使える」基本会話等で構成され，初級から上級までの方が学習するのに適した内容です。また，コラム小迷迷悦悦笑では，知っておくと役立つ中国の生活・習慣なども紹介され，ネイティブの音声 CD も付いています。

小道迷子の 中国語・発音しませんか

渡辺豊沢 監修・著／小道迷子 漫画・著　A5 判　176 頁　本体 2,300 円＋税
ISBN978-4-384-04050-0 C0087

日本人にとって困難な中国語の発音も，子どもが言葉を学んでいくような素直な気持ちで練習すれば，みるみるマスターできる！　監修著者の中国語指導歴 20 年余の経験から，基本音節の発声の「コツ」をひとっsつひとつ，漫画家小道迷子のイラストで解説。さらに１７編の漫画会話を付録 CD で愉しみながら，会話の中の単語を使って発音の基礎～応用までを徹底トレーニング。CD 付き。